Ludwig Noack

Johannes Scotus Erigena - sein Leben und seine Schriften

Ludwig Noack

Johannes Scotus Erigena - sein Leben und seine Schriften

ISBN/EAN: 9783743618336

Hergestellt in Europa, USA, Kanada, Australien, Japan

Cover: Foto ©ninafisch / pixelio.de

Manufactured and distributed by brebook publishing software (www.brebook.com)

Ludwig Noack

Johannes Scotus Erigena - sein Leben und seine Schriften

JOHANNES SCOTUS ERIGENA.

Sein Leben und seine Schriften,

die Wissenschaft und Bildung seiner Zeit,

die Voraussetzungen

seines Denkens und Wissens

und

der Gehalt seiner Weltanschauung.

Von

LUDWIG NOACK.

Leipzig, 1876.
ERICH KOSCHNY.
(L. HEIMANN'S VERLAG.)

Index

Vorwort.

Statt unsere Uebersetzung der fünf Bücher des Johannes Scotus Erigena „über die Eintheilung der Natur" mit fortlaufenden Anmerkungen zu versehen, wurde es vorgezogen, die zur Orientirung dienenden Erläuterungen nachfolgen zu lassen und dieselben zugleich so zu ordnen, dass die Leser in dieser Schlussabhandlung zugleich eine Uebersicht der in den fünf weitläufigen Büchern des Werkes zerstreuten Lehren des Verfassers vor Augen haben. Nach unserer vor jetzt sechs Jahren im Vorworte zum ersten Hefte abgegebenen Erklärung hätten diese Erläuterungen gleichzeitig mit dem Schlusse der Uebersetzung erscheinen sollen; durch verschiedene äussere Umstände wurde jedoch das Erscheinen derselben bis jetzt verzögert. Möchten dieselben auch jetzt noch den Freunden des merkwürdigen Mannes willkommen sein, der sich an dem nur spärlich von Sternen erhellten Nachthimmel barbarischer Jahrhunderte wie ein glänzendes Meteor abhebt.

Schliesslich sei nur noch bemerkt, dass die vor den Ueberschriften befindlichen Ziffern sich auf die mit runden Klammern versehenen Ziffern im Text der Uebersetzung beziehen, um dem Leser der letzteren den Platz zu bezeichnen, wo die Erklärungen zu finden sind.

Johannes Scotus Erigena
und
die Wissenschaft seiner Zeit.

1. Die Anfänge der abendländischen Wissenschaft.
Marcianus Capella.

Die aus dem griechisch-römischen Alterthume erhaltenen literarischen Ueberreste wissenschaftlicher Cultur gingen durch die Stürme der Völkerwanderung innerhalb der abendländischen Welt zum grossen Theil verloren. Für die rückständige Bildung der sich im Abendlande festsetzenden germanischen Völkerstämme handelte es sich darum, die noch vorhandenen und zugänglichen Reste antiker Literatur in sich aufzunehmen. Von besonderer Bedeutung für diesen Aneignungsprozess wurde auf eine Reihe von Jahrhunderten hinaus eine encyclopädisch-zusammenfassende Schrift, welche gegen Ende des fünften Jahrhunderts von dem Numidier Marcianus Capella ausgegangen war.

Dieser Mann, der zu Madaura im nördlichen Numidien geboren war, hatte wahrscheinlich zu Karthago seine Bildung erhalten und nannte sich wohl deshalb einen Zögling der Elissa, d. h. der in der Sage als Erbauerin von Karthago geltenden Königin Dido. Nachdem er es daselbst zur Würde eines Proconsuls gebracht hatte, verfasste er um's Jahr 470 in Rom ein aus neun Büchern bestehendes und aus Prosa und Versen gemischtes Werk unter dem Titel „Satiricon", welches sein jüngerer Zeitgenosse Boëtius in seinem „Trost der Philosophie" vor Augen gehabt zu haben scheint. Die beiden ersten Bücher, unter dem Titel „De nuptiis philologiae et Mercurii", bilden die mythisch-allegorische Einleitung zum ganzen Werke, welches eine aus älteren Quellen, insbesondere aus Varro's „Satirae Menippeae" zusammengetragene encyclopädische Darstellung der Künste und Wissenschaften enthält. Es sind dies die sieben sogenannten „artes liberales", worin damals und während des Mittelalters der Kreis der gelehrten Bildung abgeschlossen war, nämlich die Grammatik, Dialektik, Rhetorik, Geometrie, Arithmetik, Astronomie und Musik, in welcher letzteren die Poesie mit einbegriffen war. Die sieben Repräsentantinnen dieser „freien Künste" treten als allegorische Personen selbst auf, zuletzt die Harmonia, um in schwerfälliger und schwülstiger Darstellung ihre Weisheit an die Leser zu bringen.

Durch das ganze Mittelalter hindurch galt dieses Werk des Marcianus Capella als die Grundlage des gesammten wissenschaftlichen Schulunterrichts und wurden darüber von Johannes Scotus Erigena, Remigius von Auxerre u. A. gelehrte Commentare geschrieben. So wenig wie Marcianus Capella hat sich auch sein jüngerer Zeitgenosse Boëtius zum Christenthum bekannt.

2. Anicius Manlius Torquatus Severinus Boëtius.

Er war um die Zeit, da Marcianus Capella jenes Werk verfasste (470—475), einer vornehmen und reichen Familie in Rom entsprossen, wo er sich mathematischen und philosophischen Studien widmete. Schon früh zu hohen Ehrenstellen und im Jahre 510 zum Consulate gelangt, war er „durch Geburt, Verdienst und Glück wie ein grosser Römer aus der Zeit des Augustus und der Letzte". Nachdem der heidnische Philosoph unter dem christlich, und zwar arianisch gesinnten Gothenkönige Theodorich noch eine Zeit lang Achtung und Vertrauen genossen hatte, wurde er dem Könige als Republikaner verdächtigt und des Verkehrs mit bösen Geistern, so wie des Hochverraths beschuldigt und zu Pavia (Ticinum) in's Gefängniss gesetzt, worin er in seiner völlig optimistischen

Weltanschauung den Trost und die Erhebung über sein
Geschick fand, die er in seinem Schwanengesange „De
consolatione philosophiae" (in fünf Büchern) für
die Nachwelt zum Ausdruck brachte, indem er die Philosophie in Person bei ihm im Kerker erscheinen und ein
Gespräch mit ihm halten lässt. In die Prosa sind eine
Anzahl Gedichte verwebt, die nicht ohne poetischen Werth
sind. Das Buch „Vom Troste der Philosophie" wurde
bis tief in's Mittelalter hinein als Erbauungsbuch benutzt,
und da der Verfasser desselben vom höfisch gesinnten
Senate ungehört verurtheilt, seiner Würden entsetzt, seines
Vermögens beraubt und im Jahre 524 oder 525 auf Befehl
des Königs hingerichtet worden war, so wurde er später
als eifriger rechtgläubiger Katholik und Gegner der
Arianer hingestellt und zum christlichen Märtyrer gestempelt. Als solchem wurden ihm seit dem achten Jahrhundert auch theologische Schriften beigelegt, deren Unechtheit jedoch ausser Zweifel steht.

Die vor der Zeit seines Gefängnisses von Boëtius
wirklich verfassten Schriften sind theils Uebersetzungen
logischer Schriften des Aristoteles und der Isagoge des
Porphyrios, theils Commentare zu diesen übersetzten
Schriften, sowie zur Topik des Cicero, theils endlich
eigene Schriften logischen, rhetorischen und mathematischen Inhalts, sowie ein Werk über die Musik. Seine
Uebersetzungen Aristotelischer Bücher blieben längere Zeit
die einzige Quelle für die Kenntniss des Aristoteles im
Abendlande, bis derselbe durch die Araber der allgemeinen
Kenntniss näher gebracht wurde. Daher kam es auch,
dass das Mittelalter mit grosser Verehrung an dem leuchtenden Bilde des Boëtius hing und seine Schriften durch
zahlreiche Abschriften vervielfältigt wurden.

3. Isidor von Sevilla.

In Spanien, wo römische Cultur verbreitet war, hatte
auch das Christenthum schon früh Wurzeln geschlagen.
Ein Priester Juvencus hatte die evangelische Geschichte
in Hexametern besungen, und sein späterer Landsmann
Aurelius Prudentius hatte sich durch geistliche Lieder
und durch fromme Hymnen zum Preise christlicher Mär-

tyrer bekannt gemacht. Doch wurden solche Blüthen einer christlichen Dichtung in lateinischer Sprache durch die Stürme der Völkerwanderung bald wieder verweht. Dagegen wurden die wissenschaftlichen Ueberlieferungen des griechisch-römischen Alterthums unter den Westgothen durch Isidor von Sevilla gepflegt, welcher dort seit 600 bis zu seinem Tode.(636) Bischof war. Obwohl dieser berühmteste abendländische Schriftsteller des siebenten Jahrhunderts in seinem frommen Glauben die weltlichen Wissenschaften mitsammt der Dichtkunst als nutzlos zur Seligkeit verachtete, so verschmähte er sie doch nicht als Stützen göttlicher Erkenntniss und kirchlicher Zwecke. Die Grammatik aber stand in hohen Ehren bei ihm, um den Gebrauch der Kirchensprache, der er durch seine etymologischen Untersuchungen dienen wollte, festzusetzen.

Als theologischer Schriftsteller zeigte er sich durch ein liturgisches Werk „de ecclesiasticis officiis" und durch seine aus Gregor dem Grossen und Augustin gezogenen dogmatischen und moralischen Gedanken, die er in seinen drei Büchern „Sentenzen" zusammenstellte. Nachdem er auch ein historisches Werk über die Könige der Gothen, Vandalen und Sueven und eine Schrift über die Unterschiede (differentiae) der Worte und Sachen, sowie ein Buch „de natura rerum" abgefasst hatte, ereilte ihn über der Vollendung seines aus zwanzig Büchern bestehenden grossen Werkes „Origines seu Etymologiae" im Jahre 636 der Tod.

Mit grosser Belesenheit, aber oberflächlicher Kenntniss hat Isidor hier aus älteren Schriftstellern, zum Theil aus für uns verlorenen Quellen, alles für jene Zeit Wissenswürdige zusammengetragen und dabei seiner Phantasie durch Vertiefung in den allegorischen Sinn und die mystische Bedeutung der Zahlen Spielraum gelassen.

4. Beda der Ehrwürdige (B. Venerabilis).

Als im sechsten und siebenten Jahrhundert auf dem Festlande Europa's die Verwilderung immer mehr überhand nahm, zog sich die Pflege der Wissenschaften in die Klöster Britanniens zurück, und es wurden in Irland,

Schottland und England von der angelsächsischen Geistlichkeit Schulen gegründet, namentlich bei den Bischofssitzen, wie zu Cambridge und Malmesbury. Priester und Mönche wurden die Bewahrer, Pfleger und Träger der in lateinischer Sprache fortgepflanzten Ueberlieferungen der antiken Bildung, während die Kenntniss des Griechischen im Abendlande fast ganz abhanden gekommen war. Unter König Ethelbert von Kent verbreitete sich in England vom Bischofssitze Canterbury aus das durch häufige Büchersendungen von Rom her genährte wissenschaftliche Leben dieser Zeit.

Wie der Westgothe Isidor von Sevilla für das siebente, so gilt der Angelsachse Beda der Ehrwürdige für das achte Jahrhundert als hervorragendster Vertreter der wissenschaftlichen Literatur seiner Zeit († 735). Er lebte im nördlichen England als Mönch und wurde durch seine Schriften der Lehrer seiner Zeit und der folgenden Jahrhunderte, indem er seine erworbenen Kenntnisse dazu benutzte, um einzelne Theile der heiligen Schrift in die sächsische Volkssprache zu übersetzen, und daneben auch durch Auslegungen der heiligen Bücher den Lesern zu Hülfe zu kommen.

Ausserdem schrieb Beda eine Kirchengeschichte seines Stammes und ein Werk über die Natur der Dinge, welches jedoch im Wesentlichen nur ein Auszug ist aus der ähnlichen Schrift des Isidor von Sevilla, wie es denn überhaupt im Sinne jener Zeiten war, durch Auszüge aus früheren Auszügen die damalige Summe der überlieferten Kenntnisse weltlicher Wissenschaft immer knapper zusammen zu fassen. Doch ist an Beda zu rühmen, dass er sich von dem Kirchenvater Augustin, dessen Schriften er benutzte, den philosophischen Blick auf das Ganze anzueignen verstand.

5. Alcuin. Fredegis. Rhabanus Maurus.

In der Domschule des Erzbisthums York, wo sich eine für jene Zeit ansehnliche Büchersammlung befand, wurden neben der Theologie auch die sogenannten freien Künste (artes liberales) gelehrt. In dieser Schule wurde um die Mitte des achten Jahrhunderts Alcuin gebildet und erhielt nach dem Tode des Erzbischofs Egbert (i. J. 766) die Oberleitung der Schule. Auf einer Reise nach Rom traf er in Parma mit Karl dem Grossen zusammen, welcher ihn für den Plan gewann, auch in Frankreich und Deutschland den Grund zu gelehrter Bildung zu legen. Zunächst von Karl für den Unterricht seiner Söhne und Töchter an die merovingische Hochschule des heiligen Martin nach Tours gezogen, wurde Alcuin im J. 1796 Abt und starb 804.

Er verband für die Zwecke seiner Schule die Schriftauslegung und kirchliche Glaubenslehre mitsammt den weltlichen Wissenschaften mit dem Streben, ein encyclopädisches Ganze aller Wissenschaften aufzustellen, wobei die Theologie als letztes Ziel alles Wissens galt. Von ihr giebt seine Schrift über die göttliche Dreieinigkeit eine zusammenhängende Vorstellung. Aus den Schriften des Kirchenvaters Augustinus schöpfte er seine Vernunftgründe zur Erkenntniss des Glaubens und versuchte die überlieferten Aristotelischen Kategorien auf die Lehre von Gott anzuwenden. Mit besonderer Vorliebe hat er sich, im Anschluss an Platonische und Augustinische Auffassungen, in das Wesen der Seele vertieft in seiner Abhandlung „de animae ratione".

Mit Alcuin zugleich war auch dessen Schüler Fredegis aus York an den Hof Karls des Grossen gekommen. Er ward später Ludwigs des Frommen Kanzler und nach Alcuins Tode dessen Nachfolger als Abt des Klosters von St. Martin zu Tours. Doch lebte er mehr seinen philosophischen Studien, als den Interessen der von Alcuin gestifteten Klosterschule. Er warf in einem noch vorhandenen Briefe an Karl den Grossen die Frage auf, ob das Nichts etwas sei oder nicht sei, und will den Beweis, dass das Nichts in der That etwas sei, ebensowohl aus der Autorität der heiligen Schrift, als aus der Vernunft begründen.

Zu den von Alcuin in Tours gebildeten Schülern gehörte auch der aus Mainz stammende Rhabanus, genannt Maurus, welcher als Abt zu Fulda (seit 822) die dortige Schule einrichtete und als Erzbischof von Mainz (847—856) starb. Man bewunderte ihn als den grössten Gelehrten seiner Zeit und rühmte ihm nach, dass er zuerst mit dem Lateinischen zugleich die Kenntniss des

Griechischen unter den Deutschen verbreitet habe. In seinen zahlreichen, grösstentheils der Theologie und Schrifterklärung gewidmeten Schriften zeigt er sich überwiegend abhängig von seinen Vorgängern und als blossen Sammler. In seinen zweiundzwanzig Büchern „De universo" hatte er die encyclopädischen Werke des Isidor von Sevilla und Beda des Ehrwürdigen vor Augen und schliesst er sich vorzugsweise an die Gedanken Augustins und Alcuins an. Die Schrift beginnt mit der Betrachtung Gottes und der Engel, behandelt dann die biblische Geschichte und die einzelnen biblischen Bücher, um darauf die Sacramente und andere kirchliche Gegenstände folgen zu lassen. Dann wird von den verschiedenen Geschöpfen, über astronomische und physikalische Gegenstände, über Chronologie geredet. Weiterhin kommt der Verfasser auf die heidnischen Götter, Philosophen und Poeten, handelt dann von der Sprache, über Gegenstände der Medicin, des Landbaues, der Kriegskunst, der Kleidung, Speisen und des Hauswesens.

6. Paschasius Radbertus.

Ein jüngerer Zeitgenosse des Rhabanus war der Mönch und spätere Abt Radbert oder Radpert, mit dem Beinamen Paschasius, im Kloster Corbie in der Picardie, welcher sich auf mehreren in Frankreich gehaltenen Kirchen-Versammlungen als Vertreter der kirchlichen Rechtgläubigkeit bemerklich machte und im J. 865 starb. Er hat in mehreren theologischen Streitschriften nicht ohne Geist die Augustinischen Grundsätze vertreten und am sogenannten Abendmahlsstreite sich mit einer Schrift betheiligt, worin er die Kirchenlehre gegen Angriffe zu vertheidigen sucht.

In seinem Buche „De fide, spe et caritate" (über Glaube, Hoffnung und Liebe) sucht er die Glaubenslehre durch eine Betrachtung des menschlichen Erkennens zu stützen, wobei er Sinne, Einbildung, Vernunft und Intelligenz unterscheidet. Im Glauben sieht er eine Befestigung im Denken und eine Gnade Gottes. Er unterscheidet drei Arten des Glaublichen. Die sinnlichen Dinge werden sehr leicht geglaubt, aber niemals erkannt. Die

Grundsätze der menschlichen Vernunft werden, sowie sie geglaubt werden, auch sogleich erkannt. Das uns nicht Gegenwärtige endlich wird nicht sogleich erkannt, wie es geglaubt wird, und Letzteres sind die eigentlichen Gegenstände des religiösen Glaubens, welche wir schon zuvor glauben müssen, ehe wir zu ihrer Kenntniss gelangen. Nur der Glaube vermag das Ganze der Gottheit zu umfassen, und wie er uns reinigt und rechtfertigt, so wird uns künftig die Anschauung Gottes als Lohn zu Theil werden.

7. Johannes Scotus Erigena.

Neben Rhabanus glänzte am Hofe Karls des Kahlen auch Johannes Scotus Erigena. Aus den dunkeln und verworrenen Ueberlieferungen über das Leben dieses Mannes steht Folgendes fest.

Geburtsjahr und Herkunft, sowie Erziehung und Jugendschicksale sind unbekannt; nur dass ein Bruder von ihm, Namens Adelmus, erwähnt wird. Seine Geburt fällt wahrscheinlich in das zweite Jahrzehnt des neunten Jahrhunderts, um's Jahr 815, und seine Heimath war die „Insel der Heiligen", d. h. Irland. Daher der Beiname Erigena (Irländer) und zugleich der Beiname Scotus oder Scottigena (Schottländer), da der Name Scotia in jener Zeit für Schottland und Irland zugleich geläufig war.

In einem der Klöster seines Heimathlandes hat Johannes von irländischen Mönchen seine Bildung empfangen und ausser einer genauen Kenntniss des Lateinischen, als der damaligen gelehrten und Wissenschaftssprache, auch ein damals seltenes Verständniss der griechischen Sprache erlangt. Wie die Klöster damals überhaupt die einzigen Bildungsstätten waren, so reifte auch Erigena's Geist in eingehender Beschäftigung mit allen sieben freien Künsten und legte in klösterlicher Abgeschiedenheit den Grund zu seiner reichen Belesenheit in den Schriften der Kirchenväter.

Ob durch die Kriege zwischen den angelsächsischen Königen auf den britischen Inseln oder durch die Streifereien der Normänner aus Schottland vertrieben, genug er kam mit andern gelehrten und ungelehrten Schotten, die damals ihre Heimath verliessen, nach einem unsteten

Leben, endlich zwischen den Jahren 840—847 nach Frankreich, wo sich am Hofe Karls des Kahlen in Paris ein glänzender Kreis von Trägern damaliger Wissenschaft versammelt hatte. Mit Hochschätzung empfing der König den körperlich unscheinbaren, aber geistvollen und beredten schottischen Mönch als ein „Wunder des Wissens" und zog ihn als Hausgenossen und Berather in seine unmittelbare Nähe. Er nannte ihn nur kurzweg seinen Magister und erfreute sich bei der Hoftafel an seiner anregenden Unterhaltung und seinen Scherzen. Dafür hat Erigena in verschiedenen Gelegenheitsgedichten, die er an Karl den Kahlen und an dessen Gemahlin Irmentrud richtete, dem Königspaare den Weihrauch der stärksten Schmeicheleien gestreut.

Zugleich stand Erigena am Königshofe in freundschaftlicher Beziehung zu den übrigen mit Karl vorbundenen Gelehrten, unter denen Servatus Lupus, der nachmalige Abt von Ferrières, der Mönch Ratramnus von Corbie (Corvey), der spätere Bischof Prudentius von Troyes, und der Erzieher der königlichen Söhne Wulfadus, nachmaliger Erzbischof von Bourges, zu nennen sind.

Der König machte den Erigena zum Lehrer und Vorsteher der Hochschule und veranlasste ihn zu mehreren, später zu erwähnenden Uebersetzungen. Nach dem (im Jahre 877 erfolgten) Tode Karls des Kahlen folgte Scotus, dessen Gelehrsamkeit auch in England in hohem Ansehen stand, wahrscheinlich im Jahre 883 einem Rufe Alfreds des Grossen auf einen Lehrstuhl an der Hochschule zu Oxford.

In Folge von Streitigkeiten, die zwischen den älteren und neueingetretenen Lehrern in Oxford ausgebrochen waren, ernannte der König den Scotus zum Abt von Malmesbury, wo er um das Jahr 889 von seinen Mönchen und Schülern ermordet wurde und man noch Jahrhunderte lang sein Grab zeigte. In der Abteikirche daselbst wurde auch später eine Säule mit der Inschrift gefunden: „Joannes Scotus qui transtulit Dionysium e Graeco in Latinum" (d. h. Johannes Scotus, der den Dionysius aus dem Griechischen in's Lateinische übersetzte).

8. 9. Gelehrte Bildung Erigena's.

Was damals in den Klosterschulen, als für die kirchliche Gelehrsamkeit und die Bildung des geistlichen Standes erforderlich, gelehrt wurde, waren als weltliche Wissenschaften die Gegenstände des sogenannten Triviums (Grammatik, Dialektik und Rhetorik) und Quadriviums (Geometrie, Astrologie, Arithmetik und Gesang), alles dies aber galt nur als Grundlage und Voraussetzung für das Lesen und Verständniss der heiligen Schrift, in der kirchlich autorisirten Uebersetzung, und daneben der griechischen und lateinischen Kirchenväter.

Das Mittelalter hat diese Gegenstände in folgenden barbarischen Denkversen für's Gedächtniss zusammengestellt:

Gram. loquitur, Dial. vera docet, Rhet. verba colorat; Mus. canit, Ar. numerat, Geo. ponderat, Ast. colit astra.

In den Augen Erigena's selbst waren, nach seinen eigenen Aeusserungen, die sieben freien Künste die Begleiterinnen und Erforscherinnen der Weisheit und wohnen auf natürliche Weise der Seele ein. Die **Grammatik** gilt ihm als Wächterin und ordnende Wissenschaft des Wortes. In der **Rhetorik** erblickt er diejenige Wissenschaft, welche einen bestimmten Gegenstand nach den sieben Gesichtspunkten der Person, der Materie, der Gelegenheit, der Qualität, des Ortes, der Zeit und der Fähigkeit auffasst und erörtert. Die **Dialektik** sucht die allgemeinen Grundbegriffe des Geistes auf. Während die **Arithmetik** es mit dem Aufsuchen der intelligibeln Zahlen zu thun hat, betrachtet die **Geometrie** die Räume und Formen der Ebenen und Körper. Die **Musik** erfasst mit dem Lichte der Vernunft die Harmonie von Allem, was in erkennbarer Bewegung oder Ruhe und in natürlichen Verhältnissen vorhanden ist. Die **Astrologie** endlich nimmt zum Gegenstande die Räume und Bewegungen der himmlischen Körper.

Die Dialektik wird von Erigena gelegentlich als die dem Menschen von Gott gegebene Disputirkunst bestimmt, welche ihm aus Division, Definition, Demonstration und Resolution besteht. Bei seinen eingehenden Bemerkungen über die Arithmetik schliesst er sich an Boëtius an, verliert sich aber (worüber unten Näheres) mit besonderer

Vorliebe in allerlei mystische und allegorische Spielereien mit Zahlen. Obgleich Erigena der griechischen Sprache etwas weniger mächtig ist, als der ihm vollständig geläufigen lateinischen, und er sich selber als einen Anfänger in der griechischen Sprache bekannt, in welcher auch einige holperige und fehlerhafte Gelegenheitsgedichte aus seiner Feder überliefert worden sind; so hat er doch so viel Griechisch verstanden, um sich ausser in den Schriften griechischer Kirchenväter auch in denen des Platon und Aristoteles etwas umzusehen. Dagegen beweisen seine gelegentlichen Erklärungen hebräischer Wörter, dass er des Hebräischen unkundig war.

10. 11. Die Uebersetzungen des Erigena aus dem Griechischen.

In der Apostelgeschichte (Kap. 17, 34) wird erzählt, dass in Athen der Areopagite (Beisitzer des Areopags) Dionysius vom grossen Heidenapostel Paulus zum Glauben an Jesus bekehrt worden sei. Der Philosoph Aristides nennt in seiner unter dem Kaiser Hadrian im Jahre 131 abgefassten Schutzschrift für die Christen diesen Areopagiten, als ersten Bischof von Athen, einen Mann wunderbar an Glauben und Weisheit, der ein klares Bekenntniss seines Glaubens abgelegt und nach schweren Martern mit glorreichem Tode als Blutzeuge für die Göttlichkeit des Christenthums gekrönt worden sei. Später wurde dieser Dionysius mit einem andern Dionysius, dem Stifter der ersten christlichen Gemeinde in Paris, identificirt und so zum Schutzheiligen Frankreichs erhoben.

Nun waren aber schon im Jahre 533 von den Monophysiten gewisse Schriften erwähnt worden, die bis dahin in der Kirche ganz unbekannt waren und die jenem Areopagiten Dionysius beigelegt wurden, obwohl es klar und über allem Zweifel sicher ist, dass dieselben erst am Ende des fünften oder zu Anfang des sechsten Jahrhunderts verfasst sein konnten, da ihr Verfasser augenscheinlich alle Kirchenväter der ersten fünf Jahrhunderte kannte und von kirchlichen Gebräuchen spricht, die erst

Jahrhunderte nach den Zeiten des Apostels Paulus aufgekommen sind.

Diese fälschlich dem Areopagiten Dionysius zugeschriebenen Bücher waren im Jahre 827 als ein Geschenk des griechischen Kaisers Michael II. (Balbus) an Ludwig den Frommen gelangt, welcher sie dem Abt-Bibliothekar von St. Denis zur Aufbewahrung übergab. Obwohl dieser bereits eine lateinische Uebersetzung davon veranstalten liess, so sah sich Karl der Kahle dennoch veranlasst, den an seinem Hofe verweilenden Erigena zu einer Uebersetzung dieser Schriften aufzufordern, deren Verfasser in den Augen Erigena's als der „grosse und göttliche Offenbarer" erschien. Diese Uebersetzung umfasste das Buch über die himmlische Hierarchie, das Buch über die kirchliche Hierarchie, das Buch über die göttlichen Namen, über die mystische Theologie und zehn Briefe. Alle diese Bücher sind neuerdings von J. G. V. Engelhardt (die angeblichen Schriften des Areopagiten Dionysius übersetzt und mit Abhandlungen begleitet, 1823) in's Deutsche übertragen worden. Erigena widmete seine Arbeit seinem königlichen Gönner mit zwei Zueignungen, deren eine in Versen, die andere in Prosa geschrieben war. Die Arbeit war bereits im Jahre 869 in Rom bekannt, da in diesem Jahre der Papst Nicolaus I. in einem Schreiben an Karl den Kahlen sich darüber beklagte, dass sie nicht dem päpstlichen Stuhle zur Approbation zugesandt worden sei.

Sie ist vollständig unter den Werken Erigena's erhalten, und folgt auf die Uebersetzung des zehnten Briefs noch ein lateinisches Gedicht des Erigena, worin neben einer grossen Vorliebe für die Griechen und Verherrlichung Konstantinopels eine auffallende Geringschätzung Roms unverhohlen ausgesprochen wird, woraus sich das Missfallen des Papstes an der Arbeit Erigena's genügend erklärt.

Auch von der Schrift „Ambigua" des Maximus Confessor hat Erigena eine Uebersetzung begonnen, aber (wie es scheint) nicht vollendet, da sie nur als Bruchstück erhalten ist. Auch diese Arbeit ist mit einem Vorwort an Karl den Kahlen versehen.

Erigena's Leistungen als Uebersetzer haben keinen hohen Werth. Er schloss sich allzuängstlich an den Wortlaut des Originals an, wodurch der Sinn desselben ziemlich unverständlich blieb. Auch zeigt er darin keineswegs dieselbe Gewandheit im lateinischen Ausdruck, welche einen Vorzug seiner selbständigen Werke ausmacht.

12. Die Schrift „De praedestinatione Dei".

Denn bereits im Jahre 851 hatte Erigena eine Abhandlung „de praedestinatione Dei" herausgegeben, welche sich zwar nur in einer einzigen Pariser Handschrift, aber doch vollständig erhalten hat. Um die Mitte des neunten Jahrhunderts war nämlich unter den Theologen und Kirchenlehrern Frankreichs durch den Mönch Gottschalk zu Orbais, in der Diöcese Soissons, ein Streit über die göttliche Vorherbestimmung angeregt worden, der die Köpfe nicht wenig erhitzte. In Briefen an Freunde hatte sich Gottschalk, im Anschluss an die Lehre Augustins dahin ausgesprochen, dass Gott die Guten zur Seligkeit, die Bösen zur Verdammniss, Keinen aber zur Sünde vorherbestimme. Auf einer im Jahre 848 vom Erzbischof Rabanus Maurus nach Mainz berufenen Synode hatte Gottschalk gegen Rabanus seine Meinung mündlich vertreten und beschuldigte dann in einer ausführlichen Streitschrift den Mainzer Erzbischof des Semipelagianismus, d. h. jener milderen Auffassung der Lehren von Erbsünde und Praedestination, welche sich nach dem Tode des Kirchenvaters Augustin in der Praxis der abendländischen Kirche allmälig geltend gemacht hatte und seit der Synode von Valentia (529) thatsächlich, wenn auch unter Augustins Namen, in der Kirche herrschend geblieben war. Indessen wurde Gottschalks streng Augustinische Lehre von der Mainzer Synode verworfen und Gottschalk aus Deutschland verbannt. Als er nach Rheims zu seinem Metropoliten Hincmar kam, berief dieser (849) eine Synode nach Quiercy, auf welcher Gottschalks Lehre abermals verdammt und er selbst öffentlich gepeitscht wurde, bis er seine Schrift eigenhändig verbrannte. Schliesslich wurde er im Kloster Hautvilliers lebenslänglich eingesperrt, wo er im Jahre 868 oder 869 ohne den Trost der Kirche starb.

Einige andere Kirchenlehrer, nämlich Prudentius von

Troyes, Ratramnus von Corbie und Remigius von Lyon, waren jedoch der Meinung, dass der Erzbischof Hincmar in der Verfolgung des Gottschalk zu weit gegangen und mit seinen Behauptungen das kirchliche Ansehen des Augustin selbst verletzt habe. Eine daraufhin von Hincmar über den streitigen Gegenstand verfasste Schrift stiess auf heftigen Widerspruch. Der Angegriffene wandte sich an Scotus Erigena, den „Schotten im königlichen Palast", mit dem Ansuchen, seine Ansicht über die streitige Lehre öffentlich auszusprechen. So veröffentlichte dieser im Jahre 851 seine Schrift „de praedestinatione" gegen den „gräulichen Wahnwitz" Gottschalks, mit einer zum Theil sehr heftigen Polemik, indem er unter Anderem behauptete, derselbe hätte eigentlich „in Oel und Pech brennen" sollen.

Erigena verwirft die von Augustin vorgetragene und von Gottschalk auf's Neue empfohlene Lehre von einer doppelten Vorherbestimmung Einiger zum Untergange, Anderer zur Seligkeit und vertheidigt dagegen die semipelagianische Lehre. Es ist (so lehrt er) nur eine einzige und wahre Prädestination, welche mit Gott selbst identisch ist, weil sie sein ewiges, lebendiges und unveränderliches Gesetz ist. Dieses bestimmt Niemanden zum Untergang und daher auch nicht zum Bösen, sondern bezieht sich nur auf das, was ist, keineswegs aber auf das, was nicht ist, und kann daher nur als eine Vorherbestimmung zum Guten gelten.

Gegen Erigena's Schrift trat nun sein ehemaliger Freund Prudentius, Bischof von Troyes, mit der Behauptung einer doppelten Prädestination in dem Sinne hervor, dass die Bösen wohl zur Strafe, wenn auch nicht zur Sünde bestimmt seien, und dass darum Christus nicht für Alle, sondern (nach Matth. 20, 28) nur für Viele gestorben sei. Diese Schrift war voll persönlicher Ausfälle auf den Mann, der mehr ein Liebhaber eiteler Ehre, als der Weisheit sei.

Zugleich ging aus der Kirche zu Lyon eine Schrift des dortigen Diaconus und Magisters Florus gegen Erigena hervor, welche mit weniger Scharfsinn und Gelehrsamkeit, als die des Prudentius geschrieben, noch bitterer und persönlicher gehalten war, indem sie den Schotten als anmasslichen und hohlen Schwätzer und verabscheungswürdigen Gotteslästerer hinstellte, der sich als verlorener Sohn mit den Eicheln weltlicher Wissenschaft genährt habe. Dadurch kam Erigena in den Ruf der Ketzerei, und Remigius von Lyon bewirkte auf der Synode zu Valence (855) die Verdammung der Lehre desselben, wogegen die auf das unbedingte Vorherwissen Gottes gegründete doppelte Prädestination als die wahre Lehre der Kirche geltend gemacht wurde. Die Synode von Langres trat (859) diesem Urtheil bei, und Erigena wurde auf Betreiben des Papstes gezwungen, seinen Lehrstuhl an der königlichen Hofschule in Paris aufzugeben, ohne dass er jedoch aufgehört hätte, sich der Gunst und des Umgangs Karls des Kahlen zu erfreuen. Der Papst Nicolaus I. hatte zwar von dem König verlangt, dass er den Mann, welcher mit dem Waizen des göttlichen Wortes Spreu und Unkraut gemischt und den Hungrigen anstatt Brodes Gift gereicht habe, zur Verantwortung nach Rom schicken oder wenigstens von Paris entfernen solle; aber darauf liess sich der König nicht ein.

13. 14. Der Abendmahlsstreit.

Schon vor den über die Prädestination entstandenen Streitigkeiten hatte eine andere theologische Controverse in Frankreich die Gemüther erhitzt. Schon als Mönch im Jahre 831 hatte der nachmalige Abt von Corbie, Paschasius Radbertus, eine Schrift „De corpore et sanguine domini" verfasst, worin er die wirkliche Verwandlung von Brod und Wein im Sacramente des Altars in das Fleisch und Blut Christi lehrte. In überarbeiteter Gestalt hatte er diese Schrift im Jahre 844 an Karl den Kahlen geschickt, der sie dem gelehrten Mönche Ratramnus zu Corbie zum Lesen schickte und diesen dadurch zu einer Gegenschrift „de eucharistia" aufregte, die später irrthümlich dem Scotus Erigena zugeschrieben wurde, welcher seine allerdings mit der Lehre der Kirche nicht übereinstimmenden Ansichten über die Eucharistie nur gelegentlich in seinen übrigen Schriften, unter Anderen auch in einem Gedichte „de paschate" ausgesprochen hat.

15. 16. Die übrigen Schriften Erigena's.

Vollständig erhalten ist das Hauptwerk Erigena's, das den Titel führt: Περὶ φύσεως μερισμοῦ id est de divisione naturae libri quinque". Wie aus dem Schlusse (5, 40) hervorgeht, war dasselbe auf Antrieb eines gewissen Wulfadus unternommen worden, welcher nach einer in einem Codex von St. Germain sich findenden Notiz den Sohn Karls des Kahlen unterrichtete und bald nach dem Jahre 865 vom Könige zum Erzbischof von Berry erhoben wurde. Erigena bezeichnet diesen Mann als seinen „Mitarbeiter in den Studien der Weisheit" und scheint also das Werk vor dem Jahre 865 vollendet zu haben.

Erigena's „Expositiones super hierarchiam caelestem S. Dionysii", welche dieses Buch des Dionysius Stelle für Stelle erläuternd durchnehmen, sind uns nur unvollständig erhalten.

Von den „Expositiones super hierarchiam ecclesiasticam Dionysii" ist nur noch der Prolog zum zweiten Buche vorhanden, das Uebrige verloren gegangen.

Vollständig dagegen besitzen wir noch die „Expositiones seu glossae in mysticam theologiam S. Dionysii", welche nur in einem Codex der kaiserliehen Bibliothek in Wien aus dem 14. Jahrhundert vorhanden waren und neuerdings von Floss veröffentlicht worden sind.

Von einem aus Erigena's Feder geflossenen „Commentarius in S. evangelium secundum Joannem" besitzen wir noch einige nicht unbedeutende Bruchstücke, die zwar in der Handschrift nicht den Namen ihres Verfassers enthalten, sich aber deutlich als eine Arbeit Erigena's zu erkennen geben und namentlich dessen Auffassung der Lehre von der Erbsünde ausführlich entwickeln.

Dagegen haben wir Erigena's „Homilia in prologum S. evangelii secundum Joannem" aus einer Handschrift der Bibliothek zu Alençon überkommen, während uns von dem Buche „De egressu et regressu animae ad Deum" nur ein unbedeutendes Bruchstück überliefert worden ist.

Neuerdings wurden auch Erigena's „Commentarii in Marcianum Capellam" durch Barthélémy Hauréau entdeckt und veröffentlicht, nachdem dieselben seither als verloren gegangene Schrift gegolten hatten.

Die der Muse Erigena's entsprungenen Verse enthalten Gedichte auf Christus, auf das Kreuz, die Auferstehung, das Pascha, das fleischgewordene Wort, sowie verschiedene Gelegenheitsgedichte zum Lobe Karls des Kahlen und seiner Gattin Irmentrud. Sie sind alle ohne eigentlich poetischen Werth.

18. Das Hauptwerk Erigena's.

Das eigentliche Haupt- und Lebenswerk des Erigena, aus welchem sich seine Weltanschauung in allen ihren Theilen nach ihrem Zusammenhang vollständig erkennen lässt, sind die fünf Bücher „über die Eintheilung der Natur". Das Werk bewegt sich in der damals beliebten Form eines Gesprächs zwischen Lehrer und Schüler. Der Dialog ist mit ziemlicher Lebendigkeit und nicht ohne Geschick behandelt. Der Schüler spielt dem Meister gegenüber keineswegs eine nichtssagende Rolle, sondern beide fördern in Frage und Antwort gleich sehr die Entwickelung der Gedanken.

In seiner Schrift „De praedestinatione dei" hatte Erigena bereits die bei der Behandlung aller wissenschaftlichen Probleme, seiner Meinung nach, einzuschlagende Methode erörtert und dabei vier Wege unterschieden: 1) Die Eintheilung des Einen in ein Vielfaches; 2) die Hervorhebung des Einen aus dem Vielen durch Abgrenzung und Bestimmung; 3) Beweisführung durch Aufhellung des Dunkeln aus dem Offenbaren; 4) Auflösung des Zusammengesetzten in dessen einfache Bestandtheile. Diese Methode wird auch in dem Hauptwerke befolgt. Dabei sind ihm die überlieferten Aristotelischen Kategorien und logischen Kunstwörter die Mittel, an denen sich sein Denken im Einzelnen zurechtfindet. Ueberall wird von ihm die Form des Schlusses angewandt. Dagegen ist die Darstellung oft abgerissen und zusammenhanglos, so dass die Erörterungen über verwandte Gegenstände in allen Theilen des Werkes zerstreut sind.

19 — 21. Die Voraussetzungen seines Wissens.

Ist Erigena in der Einfachheit des allgemeinen Planes, welcher dem Werke zum Grunde liegt, sowie in dem systematischen Geiste, der sich in der Anlage desselben zu erkennen giebt und dasselbe hoch über ein blosses Sammelwerk erhebt, seinen Zeitgenossen weit überlegen; so stehen doch die verschiedenen Elemente der Ueberlieferung auch bei ihm noch ziemlich verworren neben einander. Hat sein Ergebniss schliesslich nur den Werth einer geistreichen Widerholung schon früher eingeschlagener Wege, so beschränkt sich seine Originalität auf die Eintheilung der gesammten Natur in vier Formen, als dem Rahmen, in den er sein Gedankensystem einspannte. Bei seiner für die damalige Zeit überraschenden Kenntniss der griechischen Kirchenlehrer ist zugleich die Gabe sinnreicher Verknüpfungen anzuerkennen bei den von ihm unternommenen Versuchen, theils die Lehrweisen der griechischen und lateinischen Kirchenlehrer untereinander, theils die Lehren der kirchlichen Theologen und der Platonischen Philosophie mit einander in Einklang zu bringen.

Wie gross nämlich Erigena's Hochschätzung des Aristoteles auch war, welcher ihm als der scharfsinnigste Erfinder des Unterschiedes der natürlichen Dinge gilt, so erkennt er doch den Platon als den Grössten unter Denen an, die über die Welt philosophirten. Dabei scheint er auch die Werke neuplatonischer Philosophen aus Pariser Büchersammlungen kennen gelernt zu haben, da er mit deren Lehren offenbar nicht blos durch die angeblich Dionysischen Schriften, den Bekenner Maximus, die beiden Gregore und den Origenes zusammenhängt.

Wir sehen beim Uebergang der alten Zeit in das Mittelalter den Geist der griechischen Wissenschaft und Philosophie sich noch einmal bei Erigena zusammenfassen, um sich mit der abendländischen Bildung zu verschmelzen.

22 — 27. Origenes und dessen Schule.

Unter den griechischen Kirchenvätern, die unter neuplatonischem Einfluss stehen und die griechische Philosophie in den Dienst des christlichen Glaubens zu stellen

Origenes und dessen Schule.

bestrebt sind, ist es zunächst Origenes, den wir bei Erigena gekannt und erwähnt finden. In Alexandrien schon früh an der Katechetenschule als Lehrer thätig und in späterer Zeit zu Cäsarea und Tyrus lebend, hat Origenes (185—254) neben seinen Erklärungen biblischer Bücher in der Schrift „über die Grundlehren" einen systematischen Zusammenhang der christlichen Glaubenslehren erstrebt. Mit der Lehre von Gott, als dem Urgrund alles Daseins, beginnend, leitet er die Erkenntniss von Gottes Wesen und Wesensentfaltungen zur Betrachtung der Entstehung der geschaffenen Geister hinüber, die in der Welt das Ewige darstellen und mit deren Abfall vom göttlichen Urgrunde erst der Ursprung der eigentlichen Körperwelt eintritt. Aus vorweltlichem Stoffe entstanden führt die Welt ihr wechselvolles Dasein bis zur Widerbefreiung und Erhebung (Rückkehr) der gefallenen Geister zu Gott fort, welcher Vorgang durch die Hülfe des menschgewordenen göttlichen Logos (Wortes) oder Sohnes sich mit ihrer unverlierbaren Freiheit in doppeltem Kampf mit den bösen Mächten der Geisterwelt einerseits und mit den inneren Versuchungen andererseits aus der Welt zu Gott wieder hinaufringen.

In der Schule des Origenes wurde die theologischphilosophische Richtung desselben weiter gepflegt durch drei Männer, welche den Zeitgenossen wie der Nachwelt als die Lichter der Kirche von Kappadocien galten. Basilius der Grosse aus Cäsarea in Kappadocien (gest. im J. 379) und der mit dem Ehrennamen der Theologe bezeichnete Gregor aus Nazianz (gest. im J. 391) veranstalteten eine Blumenlese aus den Schriften des grossen Alexandrinischen Meisters. Von dem als Bischof seiner kappadocischen Vaterstadt gestorbenen Basilius sind dogmatische Streitschriften, Homilien und Reden, asketische (Erbauungs-) Schriften und über 300 Briefe vorhanden. Von Gregor dem Nazianzener besitzen wir Reden, Gedichte und Briefe.

Der als Bischof seiner Vaterstadt (im J. 394) gestorbene Bruder des Basilius hiess ebenfalls Gregor und stammte aus der kappadocischen Stadt Nyssa. Seine Schriften waren theils dogmatisch-polemische (über Seele und Auferstehung, über das Gebet), theils homiletische

(Reden über das Sechstagewerk). Sein Streben ging darauf, den Inbegriff der auf der Synode von Nicäa (325) festgestellten rechtgläubigen Kirchenlehre aus der Vernunft zu begründen und die Weltordnung philosophisch zu rechtfertigen, indem er die Wiedervereinigung aller Dinge mit Gott als den letzten Endzweck der Welt darstellt.

Beide Gregore, der Nazianzener und der Nyssener wurden von Erigena irrthümlich für Eine Person gehalten, da er den ersteren, wie es scheint, nur aus den Scholien des Maximus kannte. Doch scheint er auch einmal (II., 27) beide Gregore zu unterscheiden.

Im Sinne kirchlicher Rechtgläubigkeit hatte sich allmälig ein Gegensatz wider Origenes und dessen freie philosophische Forschung erhoben. Der alexandrinische Lehrer wurde von dem aus Palästina stammenden und als Bischof von Constantia auf Cypern (im J. 403) gestorbenen **Epiphanius** in einer unter dem Titel „Panarion" veröffentlichten Streitschrift unter die Ketzer gestellt.

Dieser Aburtheilung trat der aus Stridon in Dalmatien stammende und als der Mönchsvater von Bethlehem (im J. 420) gestorbene **Hieronymus** bei, nachdem derselbe in früheren Jahren den Origenes hochgepriesen und sich als Herold seines Ruhmes hingestellt hatte.

Dagegen hat sich der aus den Umgebungen von Aquileja stammende **Rufinus** (gest. im J. 410) das bedenkliche Verdienst erworben, bei Uebertragung der Schrift des Origenes „über die Grundlehren" in's Lateinische durch Mildern und Fälschen der für anstössig geltenden Lehrpunkte die Rechtgläubigkeit des alexandrinischen Kirchenvaters retten zu wollen.

Ihm gegenüber war der Bischof **Johannes** von Antiochien und (seit 398) von Constantinopel, von der Nachwelt (um seiner Beredtsamkeit willen) **Chrysostomus** (Goldmund) genannt, ein treuer Anhänger des Origenes geblieben, so dass er unter dem Einflusse der Kaiserin Eudoxia, auf Betrieb des Bischofs Theophilus von Alexandrien, verbannt wurde und im Exil starb (407). Wir haben von ihm Homilien (Predigten), sechs Bücher über das Priesterthum, moralische Abhandlungen und Briefe übrig.

28. Die Lehre des angeblichen Areopagiten Dionysius.

Am höchsten unter allen griechischen Kirchenlehrern hat Erigena den angeblichen Areopagiten Dionysius gehalten, den er als „den grossen und göttlichen Offenbarer" bezeichnet und dessen Schriften er zum Theil in's Lateinische übersetzte (s. oben No. 11). Die Gedanken und Anschauungen dieses letzten mystisch-christlichen Neuplatonikers bilden die eigentliche Grundlage des philosophisch-theologischen Systems, das Erigena in seinen Büchern „über die Eintheilung der Natur" entwickelte. Verlass die sinnliche Wahrnehmung und geistige Thätigkeit (so lehrte Pseudo-Dionysius), verlass alles Seiende und Nichtseiende und steige möglichst ohne alle Erkenntniss zur Einheit mit Dem empor, der über aller Wesenheit und Erkenntniss ist, zur überwesentlichen und geheimen Gottheit, der allen Begriff übersteigenden Urgüte und mit sich selbst einartigen Urschönheit, die in der ureinen Dreiheit vereinigt sind. Die ganze göttliche Vaterschaft und Sohnschaft geht aus von der über Alles erhabenen Urvaterschaft und Ursohnschaft, von der aus sie uns und den überhimmlischen Gewalten geschenkt ward. Die allursächliche und allerfüllende Gottheit Jesu enthält die mit dem Ganzen zusammenstimmenden Theile, vollkommen im Unvollkommenen als Urvollkommenheit, unvollkommen im Vollkommenen als Uebervollkommenheit, gestaltende Gestalt im Gestaltlosen als Urgestalt. Aus Menschenliebe zu unserer Natur herabsteigend ist der Uebergott Mann geworden und hat sich uns unverändert und unvermischt mitgetheilt, ohne durch die unaussprechliche Entäusserung an seiner Ueberfülle etwas zu leiden.

Wenn alles Seiende aus dem Guten ist, so ist nichts Seiendes aus dem Bösen, und nicht einmal das Böse selbst wird sein können, weil es sich selbst vernichten würde; darum hat es nirgendwie Theil am Guten, wodurch es überhaupt ist und zur Vollendung des Ganzen dient. Alles Seiende also, so weit es ist, ist auch gut und aus dem Guten. So weit es aber des Guten ermangelt, ist es weder gut, noch seiend, nicht aus Gott und nicht in Gott, nicht überhaupt und nicht zu Zeiten.

In allem Seienden ist die göttliche Vorsehung, und nichts Seiendes besteht ohne ihre Sorge. Die möglichste Aehnlichkeit und Einigung mit Gott ist das Ziel der Hierarchie, d. h. derjenigen heiligen Ordnung, Wissenschaft und gottähnlich gestalteten Wirksamkeit, die ein Bild der urgöttlichen Schönheit ist und einem Jeden, der an ihr Theil nimmt, die Vollendung giebt. Der Ausgangspunkt aller Hierarchie ist die göttliche Seligkeit, die als heilige Reinigung und Vollendung die über Reinigung und Licht erhabenste Urvollendung ist. Die Gereinigten müssen frei von aller Vermischung vollendet werden. Die Erleuchteten müssen erfüllt werden mit göttlichem Licht und hingeführt zum geistigen Schauen. Die Vollendeten müssen dem Unvollkommenen entnommen und der vollendenden Wissenschaft des angeschauten Heiligen theilhaftig werden.
Dagegen müssen die Reiniger in der Fülle ihrer Reinigung Anderen von ihrer eigenen Reinheit mittheilen. Die Erleuchter müssen als hellere Geister ihr Alles überströmende Licht Solchen mittheilen, die desselben würdig sind. Die Vollender aber müssen die Vollendeten in der allerheiligen Weihe derjenigen Wissenschaft vollenden, die das Heilige geschaut hat. So wird jede Reihe der hierarchischen Ordnung, ihrer Eigenthümlichkeit gemäss, aufgeführt zum Wirken mit Gott. Die heiligen Ordnungen der himmlischen Hierarchie geniessen der göttlichen Mittheilungen mehr, als die Wesen der irdischen Hierarchie. Die Wesen und Ordnungen der himmlischen Hierarchie sind unkörperlich, geistig, überweltlich; unsere irdische Hierarchie dagegen voll von sinnlichen Symbolen, von denen wir nach dem Maasse unseres Wesens zu der eingestaltigen Vergöttlichung, zu Gott und göttlicher Tugend aufgeführt werden, indem uns Gott die heilige Kraft des göttlichen Priesterthums schenkt, durch dessen heilige Wirkungen wir den Wesenheiten über uns näher treten, indem wir uns nach Kräften ihnen anähnlichen.

Diese unsere Hierarchie heisst und ist der Stand, der alles Heilige in sich zusammenfasst, durch welchen der göttliche Hierarch vollendet wird. Das Prinzip dieser kirchlichen Hierarchie ist die Quelle des Lebens, die Wesenheit der Güte, die einzige Ursache des Seienden,

die wahrhaft seiende Dreieinigkeit und Einheit, deren
Wille auf unser geistiges Heil gerichtet ist, das durch
die Vergottung der des Heils Theilhaftigen zu Stande
kommt. Was den Wesenheiten der himmlischen Hierarchie
vereint geschenkt wird, das wird uns durch die von
Gott eingegebenen Schriften in der Fülle gesonderter
Symbole gegeben; denn das Wesen der kirchlichen
Hierarchie sind die von Gott eingegebenen heiligen
Schriften und die ungeschriebenen Einweihungen in den
göttlichen Symbolen, als da sind: das Symbol der Er-
leuchtung (Taufe), das Sacrament der Eucharistie, das
Geheimniss der Salbung, die Weihung der Hierarchen,
Priester und Diakonen, sowie der Mönche, die Weihung
der Todten als der selig im Herrn Entschlafenen.

29. Maximus der Bekenner.

Zur Verbreitung dieser pseudoareopagitischen Lehren
hatte schon im siebenten Jahrhundert eben derselbe tief-
sinnige und rechtgläubige Kirchenlehrer beigetragen, von
dessen Scholien zu Gregor von Nazianz Erigena eine
Uebersetzung in Angriff genommen hatte, nämlich der
im J. 662 verstorbene Abt Maximus, welcher als stand-
hafter Dulder im monotheletischen Streit sich den Ehrennamen Confessor (Bekenner) erworben hat.

Wie von den Schriften dieses Maximus Erigena be-
kennt, dass sie ihm die Geheimnisse des Areopagiten und
der wahren Theologie eröffnet hätten, so bilden sie in
der That für uns Heutige die Brücke zwischen dem
überschwänglichen Pseudo-Dionysius und der Weltanschauung des Erigena. Neben der überwesentlichen
Jenseitigkeit und Unmittheilsamkeit Gottes tritt bei Maximus doch auch wieder Gott als die Welt erfüllend, somit
als der Mittheilsame hervor. Darum erscheint ihm auch
der Mensch als von Ewigkeit her in Gott seiend und als
von Gott ausfliessend und besteht ihm das Endziel der
Schöpfung in der Vereinigung der menschlichen Natur
mit Gott, als dem höchsten Gute, damit sie durch diese
Vereinigung vergöttlicht werde. Angebahnt aber wurde
diese Vereinigung der menschlichen Natur mit Gott durch
die Menschwerdung Christi, welche der Einzelne im freien

Streben nach Erhebung zu Gott nur fortsetzen soll. Denn nicht blos Einmal, sondern immer und in Allen will der göttliche Logos und Gott selbst das Mysterium seiner Verleiblichung vollziehen.

30 — 33. Lateinische Kirchenväter.

Unter den lateinischen Kirchenvätern sind es besonders Ambrosius, Hieronymus, Hilarius und Augustinus, mit welchen wir Erigena genauer bekannt finden. Der als Erzbischof von Mailand (seit 374) durch seine Kanzelreden berühmte Ambrosius (gest. 397) hat nicht blos durch seine religiös-praktischen Schriften gewirkt, unter welchen sein Sechstagewerk (Hexaëmeron), seine Commentare zu einzelnen Psalmen und zum Evangelium Lucas zu bemerken sind, sondern auch durch seine fünf Bücher „Vom Glauben" und drei Bücher „Vom heiligen Geist" in die dogmatische Entwickelung der Kirche eingegriffen.

Der „durch Thaten, Leiden und Schriften der Athanasius des Abendlandes gewordene" Bischof Hilarius von Pictavium (Poitiers), im J. 368 gestorben, hat uns zwölf Bücher „Von der Dreieinigkeit" und Commentare über Psalmen und das Matthäus-Evangelium hinterlassen.

Der schon bei Gelegenheit des Origenes erwähnte Vorsteher der Mönchsgesellschaft in Bethlehem, Hieronymus (331—420) hat sich weniger durch seine polemischen (z. Th. Schmäh-) Schriften und seine historisch-biographischen Arbeiten, als durch seine Commentare zu biblischen Büchern ein bleibendes Verdienst erworben.

In der Thätigkeit des Numidiers Augustinus, der aus einem Lehrer der Beredtsamkeit zu Carthago, Rom und Mailand an letzterem Orte durch die Predigten des Ambrosius der Kirche gewonnen wurde und seit 395 bis zu seinem Tode (430) als Bischof zu Hippo regius (Bona) wirkte, gipfelt die kirchliche Lehrbildung im Abendlande. Den fruchtbaren Schriftsteller beurkunden seine Arbeiten über den Nutzen des Glaubens, gegen die Meinung von zwei Seelen im Menschen, seine Auslegungen biblischer Schriften, verschiedene Streitschriften über die Einheit der Kirche, für die Lehre von der Erbsünde und Vorherbestimmung des Menschen, über die Trinität, seine Bekenntnisse und das Werk vom Gottesstaate. Augustin zeigt in diesen Schriften eine genaue Kenntniss der griechischen Philosophie, die ihm als dunkeler und unbewusster Weg zum Christenthume erschien. Er sucht Gott und die Seele zu erkennen, durch Selbsterkenntniss über sich hinaus zur ewigen Quelle des Vernunftlichtes zu dringen, und findet darin den Inbegriff alles Erkennens, welches der Mühe werth sei. Naturerkenntniss hat ihm nur Werth als Erkenntniss der obersten Ursache, im Uebrigen hält er sie für überflüssig zum Heil. Den Begriff der göttlichen Dreieinigkeit und das Verhältniss der drei Personen zur Einheit des göttlichen Wesens sucht Augustin durch Analogien des individuellen Seins, Lebens und Erkennens, oder des Seins, Wissens und Liebens, oder des Gedächtnisses, Gedankens und Willens fasslich zu machen. Als höchstes, unveränderliches Sein steht ihm Gott nur zum Nichtsein und zu dem aus diesem herfliessenden Bösen im Gegensatz. Die Ursache des Bösen ist ihm derjenige Wille, welcher sich vom Höheren zum Niederen abwendet; aber das Böse selbst ist nichts Wesenhaftes, sondern eine Beraubung des Guten.

34. Vernunft und Autorität. Schriftauslegung.

Von den Vätern der Kirche spricht Erigena stets mit der grössten Achtung. Er will sie fromm verehrt wissen und nennt ihre Namen gewöhnlich mit ehrenden Bezeichnungen. Auch zeigt er eine grosse Gewandtheit, die Ansichten derselben als Belege für seine eigenen Aufstellungen herbeizuziehen. Gleichwohl steht er ihnen mit seinem Urtheil frei gegenüber. Er behält sich für den Fall, dass sie sich unter einander widersprechen, die Wahl vor und will zugleich beachtet wissen, dass sich die Kirchenväter häufig der Sprache und Denkweise des Volkes anbequemten, für welches sie lehrten. Wo er dagegen von unbedingter Unterwerfung unter die Autorität spricht, hat er vorzugsweise die heilige Schrift im Auge. Das Ansehen der letzteren steht ihm fest; er will sie eben nur verstehen; denn in den Worten Christi und in seiner ganzen Erscheinung ist ihm alle Wahrheit und Offenbarung Gottes enthalten. Das hindert ihn jedoch nicht, in seiner Schriftauslegung frei und bequem zu verfahren. Er sagt ausdrücklich, man solle doch ja nicht glauben, dass die Schrift die Worte und Namen immer im eigentlichen Sinne gebrauche, sie spreche im Gegentheil über Vieles nur in sinnbildlicher und uneigentlicher Weise, bediene sich übertragener Ausdrücke, verwechsele oft die Zeiten der Zeitwörter, und ihre Sätze haben einen eben so unendlichen Sinn, wie sich das Samenkorn in unendlichen Gestalten darstelle und die Pfauenfeder in verschiedensten Farben schillere.

Die bildliche Ausdrucksweise der heiligen Schrift sei nothwendig zur Erziehung der aus Unmündigkeit zur Reife und Freiheit des Denkens emporstrebenden Geister. Erigena nimmt darum keinen Anstand, vieles vor dem Sündenfall Erzählte als vielmehr nach demselben geschehen zu betrachten. Ueberhaupt behandelt er die ganze mosaische Erzählung von der Schöpfung und vom Sündenfall eben so, wie die Parabeln des Neuen Testamentes, durchaus allegorisch. Dabei nimmt er auch die allegorischen Schrift-Erklärungen der Kirchenväter zu Hülfe, wo er es für seine Lehren für nöthig hält. Daneben kommt übrigens auch wieder die Forderung vor, dass man zunächst den Buchstaben der heiligen Schrift zu erfassen suchen müsse, um zum Geiste des Buchstabens vorzudringen.

Mit der heiligen Schrift hat darum, nach der Ansicht des Erigena, jede Erforschung der Wahrheit zu beginnen, da in ihr die untrügliche göttliche Autorität spricht. Vernunft und Autorität fliessen aus einer und derselben Quelle der göttlichen Weisheit, nur dass die Vernunft der Natur nach, die Autorität der Zeit nach früher ist. Durch sich selber unwandelbar gestützt, bedarf die wahre Vernunft, die in Allem die Wahrheit sucht und findet, nicht erst der Beistimmung der Autorität. Darum muss man zuerst die Vernunft und danach die Autorität gebrauchen; aber freilich nicht die durch die Sünde getrübte, sondern die durch die Gnade des eingesenkten göttlichen Wortes erleuchtete und mit diesem göttlichen Licht erfüllte Vernunft. So angesehen ist es eigentlich nicht die Vernunft selbst, welche zur Wahrheit führt, sondern das göttliche Licht erkennt in der Vernunft sich selber. Nicht der Mensch erkennt Gott, sondern Gott erkennt sich selbst im Menschen. Erst die erleuchtete Vernunft bewahrt vor falscher Auffassung der heiligen Schrift. Und in diesem Sinne gilt der Satz des Erigena, mit dem er die Schrift „über die Vorherbestimmung Gottes" eröffnete: Die wahre Philosophie ist die wahre Religion, und umgekehrt: die wahre Religion ist die wahre Philosophie.

35. Kategorien-Lehre. Allgemeine Wesenheit.

Wie schon Alcuin, so macht sich auch Erigena viel mit den Kategorien des Aristoteles zu schaffen. Aristoteles hatte sämmtliche Erfahrungsbegriffe und damit alles Wirkliche unter zehn Vorstellungen oder allgemeinen Gesichtspunkten zusammengefasst, die er Kategorien nannte, so dass unter jeden dieser allgemeinen Begriffe wieder eine Vielheit besonderer Begriffe zu stehen komme, die sich in jenem höheren Begriffe vereinigen. Aristoteles unterschied und bezeichnete diese vernünftigen Gemeinbegriffe so: 1) Wesenheit oder was ist; 2) wie viel (wie gross); 3) wie beschaffen; 4) zu was; 5) wo; 6) wann; 7) Streben; 8) Sich verhalten; 9) Thun; 10) Leiden.

Indem nun Erigena diese Kategorien von Aristoteles aufnimmt, bezeichnet er dieselben als: Wesenheit, Grössenverhältniss (Quantität), Eigenschaft (Qualität), Bezug, Lage, Verhalten (habitus), Raum, Zeit, Thun, Leiden. Zugleich aber findet er glücklich heraus, dass sich von diesen zehn Kategorien vier (Wesenheit, Grösse, Lage, Ort) auf den Zustand und sechs (Eigenschaft, Bezug, Verhältniss, Zeit, Thun, Leiden) auf die Bewegung beziehen. Er fasst darum die zehn Allgemeinbegriffe in zwei noch höhere und allgemeinere, nämlich die Begriffe des Zustandes und der Bewegung zusammen, ohne dass jedoch diese Bemerkung auf seine Lehre selbst von Einfluss wäre.

Zugleich aber hebt er die Kategorie der Wesenheit oder des Seins (Substanz, οὐσία) aus der Reihe der übrigen mit der Bemerkung heraus, dass einige derselben gewissermaassen um, die übrigen in jener seien, sie selber also als der gemeinsame Träger und als die eigentliche Quelle der übrigen Kategorien erscheint. In sich selber untheilbar und unveränderlich, zieht sich diese allgemeine Wesenheit gleichwohl durch alle Dinge hindurch. Aus ihr gehen die Gattungen, Arten und Einzelwesen hervor, welche die Erscheinungswelt ausmachen, und lösen sich in jener wiederum zur Einheit auf, so dass diese allgemeine Wesenheit zugleich einfach und vielfach ist und gleichwohl ungetheilt in sich und stets dieselbe bleibt. Den Körpern als ihre wesentliche Form zu Grunde liegend, ist sie selbst unkörperlich und keinem körperlichen Sinne zugänglich; sie kann nicht sichtbar oder greifbar erscheinen und entbehrt aller räumlichen Ausdehnung; sogar für den Verstand ist nicht begreiflich, was sie ist, sondern nur dass sie ist.

36. 37. Sein und Nichtsein. Natur. Einheit des Seins.

Mit dem Worte „Natur" pflegt das Schaffende eben so, wie das Geschaffene bezeichnet zu werden. Natur ist der allgemeine Name für Alles, was ist und nicht ist; denn im Universum kann unserm Denken Nichts begegnen, wovon diese Bezeichnung nicht gelten müsste.

Damit steht Erigena auf dem Boden des Monismus oder der einheitlichen Weltanschauung, mit deren Begründungsversuch er die Aufgabe des Origenes im Abendlande wieder aufgenommen hat. Er thut dies zugleich, wie sich weiterhin zeigen wird, wesentlich im Sinne des Optimismus und einer optimistischen Welterklärung.

Sein ist ihm das logische Bejahtwerden oder die Aussage des Gedankens von seinem Gegenstande. Nichtsein ist ihm das logische Verneintwerden, d. h. er erkennt kein anderes Sein an, als im Denken, und steht somit auf dem Standpunkte der Einheit vom Denken und Sein.

Erigena unterscheidet aber fünf Arten des Seins und Nichtseins, unter Ausschluss der Beraubung, die man gewöhnlich als das Nichtsein bezeichne, die aber nach seiner Ansicht nicht zur Natur der Dinge gehört.

1) Wir erkennen Alles, was unseren Sinnen oder unserem Verstande zu sein scheint, als ein Sein an, ob-

wohl in diesem Sinne das wahrhaft Seiende (das Uebersein der Gottheit) vielmehr **nicht** ist.

Wird diese Unterscheidung auf eine allgemeine Regel gebracht, so lässt sich sagen:

2) In Bezug auf die Ueber- und Unterordnung der Dinge kann von jeder Ordnung der Dinge gesagt werden, dass sie **sei** und dass sie **nicht sei**, sofern sich die Bejahung der niederen Ordnung als Verneinung der höheren und umgekehrt zu erkennen giebt.

3) Eigentlich nur ein besonderer Fall des ersten Unterschiedes ist es, wenn wir als **seiend** nur dasjenige erkennen, was nicht mehr blos in der Kraft des Samens (als Keimkraft) verborgen ist, sondern was von den Ursachen der Dinge bereits in Zeit und Raum zur Erscheinung gekommen ist.

4) Wahrhaft **ist** aber nur das durch die Vernunft erkannte ewige Sein, während dagegen das durch Erzeugung in Zeit und Raum Erscheinende und in der Bewegung sich Verändernde (also z. B. der Körper) **nicht ist**.

5) Blos auf den Menschen bezieht sich die letzte Unterscheidung, wonach die Sünde dem **Nichtsein** angehört und nur mit der durch Gottes Gnade erlangten Wiederherstellung in den früheren Zustand das **Sein** wiedergewonnen wird.

Neben der Auffassung des Nichts als der Verneinung alles Seins findet sich übrigens bei Erigena gelegentlich auch die Ansicht vertreten, welche Fredegis (siehe oben No. 5) in seiner Schrift „über das Nichts und die Finsterniss" andeutet, das jenes Nichts eben das unaussprechliche Wesen der göttlichen Natur bezeichne, welche weniger als seiend und vielmehr als überseiend zu denken sei.

38. 39. Die vier Naturformen.

Umfasst nun die „Natur" sowohl dasjenige was ist, als auch was nicht ist, so zerfällt sie nach ihren Hauptunterschieden in vier besondere Formen, von welchen die erste und vierte, sowie die zweite und dritte genau genommen zusammenfallen und die zusammen den ewigen Lebensprocess der Welt darstellen.

1) Als **schaffende und ungeschaffene Natur**

bezeichnet sie Gott als letzte Ursache aller Dinge, sofern
derselbe gar nicht ohne diejenige Thätigkeit gedacht
werden kann, in welcher er die Dinge begründet.

2) Als **schaffende und geschaffene Natur**
bezeichnet sie den göttlichen Logos oder den Sohn Gottes,
als durch welchen in Ewigkeit alle Dinge sind, d. h. die
Schöpfung in ihren ursprünglichen und unerforschlichen
Ursachen, die auch Vorbilder, Formen, Ideen, ewige
Gründe der zeitlichen Erscheinungen oder göttliche Willens-
acte genannt werden können.

3) Als **nicht schaffende geschaffene Natur**
bezeichnet sie die sichtbare und erscheinende Welt als
den Inbegriff aller geschaffenen Dinge.

4) Als **nicht schaffende und nicht geschaffene Natur** bezeichnet sie wiederum Gott als das Ziel
aller geschaffenen Wesen, in welches die geschaffenen
Dinge wieder zurückkehren, um ewig in ihm zu ruhen.

Diese Unterscheidung der vier Naturformen ist der
Faden, der durch das Labyrinth der Lehre Erigena's
führt und zugleich der Rahmen, worin er sein ganzes
System einfügt. Der ersten Naturform entspricht die
eigentliche Theologie, der zweiten die Idealwelt, der
dritten die Kosmologie mit der Anthropologie, der vierten
die Soteriologie und Eschatologie der dogmatischen Lehr-
gebäude.

Zuletzt löst sich der Unterschied dieser vier Natur-
formen in die Einheit des Schöpfers und Geschöpfes als
Einigung der gesammten Natur auf, und der Sinn der
Unterscheidungen ist kein anderer, als dass eben in allen
Dingen Gott nur sich selber schafft und nur sich selber
zur Erscheinung kommt oder mit andern Worten, dass
Gott selber Alles und in Allem selber oder dass er die
allgemeine Wesenheit und Form ist, welche Alles umfasst.
Was nicht aus Gott ist, kann überhaupt nicht begriffen
werden. Gott ist Anfang, Mitte und Ende der geschaffenen
Welt. Gott macht Alles, das heisst so viel als: er ist in
Allem und besteht als Wesenheit von Allem, denn er
allein ist wahrhaft durch sich selbst und ist allein Alles,
was in dem Seienden als das wahre Sein gelten muss.
Was aber in ihm wahrhaft erkannt wird, ist durch Theilnahme an ihm. In allen Einzelnen aber, die an ihm
Theil nehmen, ist er eben so ganz, als in sich selber.

Auf mannichfache Weise in Alles sich ergiessend, damit es ist, verbindet er Alles in sich zur Einheit und bleibt doch einfach in sich selbst und über Allem.

I. Die schaffende und ungeschaffene Natur.

40. 41. Gottes Wesen und Ueberwesentlichkeit.

Darin liegt auch der Grund, warum die allgemeinen Grundbegriffe alles Seienden, die Kategorien, wie dasselbe schon Augustin gelehrt hatte, auf Gott selbst nicht im eigentlichen Sinne, sondern nur durch Uebertragung angewandt werden können. Als ohne Anfang und Ende kann Gott keine Bewegung haben, und als ewig thätig kann er nicht ruhen. Seine Bewegung ist sein Wille, wodurch er Alles werden will, und sein Wille ist sein Sein wie sein Schaffen. Er ist als bewegliches Stehen und als stehende Bewegung. Er kann nicht Sein genannt werden, denn er ist über dem Sein, wie er über der Liebe, Ueberwesen, überunendlich, übereinfach, überewig ist.

Wie diese Ausdrücke aus den Schriften des angeblichen Areopagiten Dionysius von Erigena entlehnt sind, so werden dorther auch die Bezeichnungen „verneinende und bejahende Theologie" entlehnt, da denn doch von dem Unaussprechlichen etwas gesagt werden muss und über Gott nicht ganz geschwiegen werden darf, wegen der frevelhaften Behauptungen der Ketzer und Ungläubigen. Indem wir in der Weise der bejahenden Theologie auf Gott die Kategorien anwenden, haben wir zugleich in der Weise der verneinenden Theologie jede Aussage über ihn abzulehnen. Dabei ist jedoch nicht zu vergessen, dass beide Beichnungsweisen des göttlichen Wesens in gleicher Weise uneigentlich und nur bildliche Auffassungen sind. Indessen bedient sich Erigena bei der Beschreibung der ersten Natur Gottes vorzugsweise der verneinenden Theologie, und haben für ihn hier Verneinungen einen höheren Rang, als Bejahungen, während sich dagegen bei Betrachtung der drei andern Formen der Natur mehr die bejahende Seite geltend macht.

Mit der Unbegreiflichkeit Gottes hängt auch die Behauptung Erigena's zusammen, dass Gott nicht wisse, was er sei, weil er überhaupt nicht Etwas, sondern das unendliche Wesen schlechthin sei und nur in seiner schaffenden Thätigkeit sich selbst erkenne. Das will mit anderen Worten nur besagen, dass die Erkenntniss, welche Gott von sich habe, eine andere sei als die Erkenntniss jedes anderen Dinges, welches zeitlich beschränkt sei oder gar das Böse an sich trage. Vom göttlichen Nichtwissen unterscheidet Erigena vier Arten. Gott weiss nicht um das Böse, weil dieses sonst etwas Wesentliches und Nothwendiges wäre, da ja die Gedanken Gottes das Sein des Gedachten einschliessen. Ferner weiss Gott das nicht, dessen Gründe und Ursachen nicht von Ewigkeit her in ihm liegen. Ebenso weiss er das nicht, was noch nicht durch sichtbare Gestaltung in seinen Wirkungen zur Erscheinung gekommen ist. Endlich weiss sich Gott nicht in der Zahl der von ihm geschaffenen Dinge, da er erkennt, dass er nichts von allem Erkennbaren und Nennbaren ist. Darum ist aber das Nichtwissen Gottes eben nichts Anderes, als unaussprechliche Einsicht und die höchste und wahre Weisheit.

42 — 44. Dreieinigkeit Gottes.

In den Rahmen der vier Naturformen will sich eigentlich die kirchliche Lehre von der Einheit dreier Personen in Gott oder die Dreieinigkeit Gottes nicht recht einfügen. Darum macht Erigena verschiedene Versuche, die Dreieinigkeit zu drehen und zu wenden, um ihr den in seinen Gedankenbau passenden Sinn zu geben. Die Theologen (sagt er) haben durch die Erkenntniss, dass Dinge sind, zugleich erkannt, dass Gott überhaupt sei; daraus, dass diese Dinge in Gattungen und Arten und Einzelheiten geordnet sind, haben sie erkannt, dass Gott weise sei, und endlich aus der Wahrnehmung der ruhigen Bewegung und der bewegten Ruhe erkannten sie, dass Gott lebe. Sie verstanden nämlich unter dem Sein den Vater, unter der Weisheit den Sohn, unter dem Leben den heiligen Geist. Indem aber die heiligen Theologen auf die Eine unaussprechliche Ursache aller Dinge ihre

Gedanken richteten, bezeichneten sie das göttliche Wesen als Eines, indem sie diese Einheit zugleich als eine wunderbare und fruchtbare Vervielfältigung erkannten, unterschieden die ungezeugte, die gezeugte und die hervorgehende Person in Gott und nannten das Verhältniss der ersten zur zweiten Vater, das Verhältniss der zweiten zur ersten Sohn, das Verhältniss der dritten zu den beiden ersten Geist, obwohl genau genommen das Leben und Wesen der göttlichen Einheit und Dreiheit weder vom reinsten Verstande gedacht, noch von der ungetrübtesten engelischen Einsicht begriffen werden kann.

Im Sohne, als in seiner Weisheit, hat der Vater die Ursachen der intelligibeln und sinnlichen Wesen allesammt gegründet. Wie aber die Gesammtheit der Creatur im Worte Gottes gegründet sei, dies übersteigt jeden Begriff und ist nur dem Worte selber bekannt, worin Alles begründet ist. Indem vor Allem der Sohn aus dem Vater gezeugt wurde, ist Alles zugleich mit ihm und durch ihn gemacht worden; denn seine Zeugung aus dem Vater ist selbst die Gründung aller Ursachen und die Bewirkung und Ausführung von Allem, was aus den Ursachen in Gattungen und Arten hervorgeht. Der Vater konnte im Sohne Nichts gründen, was nicht der Sohn selbst wäre; denn wie würde das Wort es dulden, dass in ihm etwas werde, was nicht gleichwesentlich mit ihm ist? Nicht wie in einem Raume hat der Vater in der Weisheit Alles gemacht; vielmehr hat er sie selbst zu Allem gemacht. Eben darum heisst er auch der Logos, das Wort, die Idee, die Ursache, und Alles, was in ihm gegründet worden, ist in ihm Leben und zwar vernünftiges, ewiges Leben ohne Anfang und ohne Ende. Alles aber ist in ihm, sofern es in ihm ist, zur Einheit verschmolzen. Nur insofern der Logos die Dinge aus sich hervorgehen lässt, sich also in die Scheidung der Gattungen und Arten herablässt, tritt er in die Vielheit ein, ohne indessen seine Einheit zu verlieren. So ist das göttliche Wort zugleich einfach und zugleich in sich unendlich vielfach.

Die zertheilende und ordnende Ursache dessen, was der Vater im Sohne als Einheit begründet hat, ist der heilige Geist. Was der Vater im Sohne schafft und dieser in sich enthält, das vertheilt der heilige Geist. Er führt die im göttlichen Worte geschaffenen uranfänglichen

Ursachen zu fruchtbaren Wirkungen, d. h. in Gattungen, Arten und unterschiedene Einzelheiten, sowohl nach der Natur, als auch nach der Gnade. Obgleich nun das göttliche Wirken, in welchem Alles gegründet worden, als ein dreifaches betrachtet wird, sofern der Vater schafft, der Sohn wirkt und der Geist Alles ordnet; so ist es doch nur eine und dieselbe göttliche Thätigkeit der höchsten und heiligen Trinität. Denn was der Vater schafft, das schafft auch zugleich der Sohn und der heilige Geist, und was im Sohne geschaffen worden ist, das ist auch im Vater und im heiligen Geiste geschaffen worden. Denn wenn der Sohn im Vater ist, so muss nothwendig Alles, was im Sohne geschaffen worden ist, nothwendig im Vater sein. Und eben so wird auch das, was der heilige Geist pflegt und ordnet, zugleich im Vater und Sohne gepflegt und geordnet.

Dabei will aber doch Erigena unter den Personen der Trinität blosse Namen und Verhältnisse verstanden wissen. Wie nämlich Abraham (sagt er) nicht an sich, sondern nur im Verhältniss zu Isaak Vater und Isaak nur im Verhältniss zu Abraham Sohn heisst, so sind auch bei der göttlichen Natur Vater und Sohn blosse Namen, welche nicht eine Wesenheit an sich, sondern nur eine Beziehung bezeichnen. So haben die heiligen Theologen das Verhältniss der ungezeugten zur gezeugten Wesenheit in Gott Vater, das Verhältniss der gezeugten zur ungezeugten Wesenheit in Gott Sohn und das Verhältniss der hervorgehenden zur ungezeugten und gezeugten Wesenheit in Gott heiligen Geist genannt.

In Bezug auf den Ausgang des heiligen Geistes hat Erigena eine ihm eigenthümliche, von der Lehre der griechischen wie der lateinischen Kirchenväter abweichende Ansicht aufgestellt. Er nimmt Anstoss daran, dass der heilige Geist nach der abendländischen Lehre vom Vater und vom Sohne ausgehen solle, da es schwer begreiflich sei, wie Eine Ursache aus zweien zusammenfliessen solle. Er schlägt daher die Fassung vor, der heilige Geist gehe vom Vater aus durch den Sohn oder vermittelst des Sohnes. Man könne ja doch (meint er) von der Erleuchtung, obwohl sie vom Feuer durch Vermittelung des Strahles ausgehe, nicht sagen, dass sie von zwei Ursachen ausgehe, sondern das Feuer sei vielmehr die alleinige Ursache sowohl der Erleuchtung, als des Strahles, der gar nicht getrennt vom Feuer gedacht werden könne. Ebenso ist auch der Vater die erzeugende Ursache seines eingebornen Sohnes, und dieser ist die Ursache aller urbildlichen Ursachen, die in ihm vom Vater geschaffen worden sind, und derselbe Vater ist die Ursache des von ihm ausgehenden heiligen Geistes, welcher die Ursache der Vertheilung aller vom Vater im Sohne geschaffenen Ursachen in ihre allgemeinen und besonderen Wirkungen im Reich der Natur und Gnade ist. Er ist der Spender der Gnadengaben und wird darum selbst die Gnade genannt.

II. Die schaffende und geschaffene Natur.

45—47. Gott und Welt. Schöpfung. Theophanieen.

Im Sohne hat Gott die Grundlagen und Anfänge aller Naturen gemacht, die von ihm sind, und zwar hat er sie zugleich mit der Geburt des Sohnes von Ewigkeit her gegründet. Indem der Sohn aus dem Vater geboren wird, entsteht der Glanz der Heiligen und die darin ewig gegründeten Ursachen der Dinge. Der Sohn wird ewig vom Vater erzeugt, denn die göttliche Einfachheit ist keines Zuwachses fähig und duldet also auch kein Werden in sich. Nicht der Zeit nach, sondern nur als Ursache geht die Gottheit dem geschaffenen Universum voraus. Ihr aber kommt es nicht erst zu, ursächlich zu sein, denn immer ist sie und war und wird sie Ursache sein. Immer aber ist und war und wird das Verursachte in seiner Ursache sein, weshalb denn auch das All in seiner Ursache und also die ganze Creatur ewig im göttlichen Worte ist, wie ja auch in der Einzahl alle Zahlen, im Mittelpunkt alle Linien ewig und gleichmässig existiren.

Wenn darum Moses ein allmäliges Werden der Welt erzählt, so erzählt er eben in menschlicher Weise; denn er kann ja nicht Alles auf einmal und zugleich erzählen, was Gott auf einmal und zugleich machen konnte, sintemal auch wir selber nicht Alles, was wir im Geist erfassen, zugleich mit Worten darlegen können; denn auch jede Wissenschaft wird in zeitlichen Abschnitten von Buchstaben, Sylben und Sätzen nothwendiger Weise einzeln und in bestimmter Ordnung in die Ohren der Hörenden gegossen.

Die ersten Ursachen schafft Gott nicht aus einem Stoffe; denn was in ihm ist, das ist er selbst. Aber auch von Aussen hätte er keinen Stoff nehmen können, weil ausser ihm Nichts ist. Aus Nichts hat er vielmehr Alles geschaffen oder aus sich selbst; denn unter dem Nichts wird er selber verstanden, weil er in keinem bestimmten Sein gefunden wird und von sich selbst in sich selbst, wie aus Nichts in Etwas herabstieg.

Gott selbst also wird in den Urgründen; er schafft in ihnen sich selbst. In seinen Theophanien oder Gotterscheinungen beginnt er zu erscheinen, indem er emportauchen will aus den geheimsten Tiefen seiner Natur, worin er sich selbst unbekannt ist, d. h. sich in Keinem erkennt, weil er unendlich und übernatürlich und überwesentlich und über Allem ist, was erkannt und nicht erkannt werden kann. Indem er in die Urgründe der Dinge herabsteigt, beginnt er gleichsam sich selber schaffend in Etwas zu sein. Darum kann man mit Recht sagen, dass Gott nicht war und bestand, bevor er die Welt schuf. Gottes Sein ist sein Wirken, also letzteres gleich ewig mit ersterem.

So ist Alles, was in der Reihenfolge des Irdischen nach Zeiten und Räumen entsteht, zugleich und auf einmal im Worte des Herrn gesetzt worden. Man darf darum nicht glauben, dass es erst damals anfing zu werden, als man es in der Welt entstehen sah; vielmehr war es immer wesenhaft im Worte Gottes, und auch der Auf- und Niedergang in der Ordnung der Zeiten und Räume war immer im göttlichen Worte, in welchem auch dasjenige schon gemacht worden ist, was sein wird. Denn die göttliche Weisheit umfasst die Zeiten, und in ihr geht ewig voraus, was in der Natur der Dinge zeitlich entsteht. Es giebt keine Creatur, welcher nicht ihr eigener, im göttlichen Worte gesetzter Grund vorausginge, nach welchem sie eben gesetzt ist, dass sie ist, und von welchem sie bewahrt wird, dass sie ewig ist. Und dieser ihr eigener Grund ist es, der sie den Sinnen oder der Vernunft als einen Gegenstand des Preises der Einen

Ursache selber offenbart, aus welcher und in welcher und durch welche und zu welcher Alles gegründet ist. Nach dem Vorgange des angeblichen Areopagiten Dionysius und des Maximus Confessor spricht auch Erigena viel von Theophanieen. Da nämlich Gott die Welt aus seinem Wesen schafft, also in der Schöpfung nur sich selbst offenbart, so ist jedes Geschöpf Gottes eine Erscheinung oder Offenbarung Gottes selber, welcher in seinem Geschöpf aus einem Unfasslichen ein Fasslicher wird. Aus zwei Strömen werden uns die göttlichen Erscheinungen oder Theophanien zu Theil: der eine fliesst uns durch den leiblichen Sinn und das Gedächtniss zu, der andere durch den Verstand und die Vernunft. Da die Theophanie nur allein aus Gott selber kommt, so geschieht sie theils aus dem Herabsteigen des göttlichen Wortes oder des eingeborenen Sohnes in die menschliche Natur, theils durch die Erhebung derselben zum göttlichen Worte durch die göttliche Liebe oder durch Vergottung. Eine solche Theophanie fand z. B. bei Johannes statt, als er den Prolog seines Evangeliums schrieb. Er war nicht mehr Johannes, sondern mehr als Mensch; nicht anders konnte er zu Gott aufsteigen, als indem er Gott wurde. Immer aber sind es nur die Bilder der ewigen Ursachen, die wir in den Theophanieen gegenwärtig haben, nicht Gottes Wesen selbst, und in diesem Sinne kann die ganze sichtbare und unsichtbare Creatur eine Theophanie heissen.

48. Die uranfänglichen Ursachen.

Indem Gott seinen Sohn zeugt, denkt er in ihm und ist er in ihm die Ursache von Allem, dadurch dass die uranfänglichen Ursachen im Sohne gedacht werden. Diese uranfänglichen Ursachen sind das, was die Griechen Ideen nennen, d. h. die Arten, ewigen Formen und unveränderlichen Vernunftgründe, in welchen die sichtbare und unsichtbare Welt gestaltet und regiert wird. Sie konnten daher mit Recht von den Weisen Griechenlands Prototypen, d. h. ursprüngliche Vorbilder, genannt werden, welche der Vater im Sohne setzte und durch den heiligen Geist in ihre Wirkungen theilt und vermehrt. Ferner werden sie als Prädestinationen oder Vorherbestimmungen bezeichnet, sofern in ihnen zugleich und auf einmal und unabänderlich vorherbestimmt ist, was immer durch göttliche Fürsorge geschieht, geschehen wird und geschah. Denn auf natürliche Weise entsteht in der sichtbaren und unsichtbaren Creatur Nichts, was nicht in diesen uranfänglichen Ursachen vor allen Zeiten und Räumen vorher bestimmt und vorher geordnet ist. Ebenso pflegen die Philosophen diese Ursachen göttliche Willensbestimmungen zu nennen, weil Gott Alles, was er machen wollte, in ihnen uranfänglich und der Ursache nach macht und weil Alles, was geschehen wird, in ihnen schon vor der Welt geschah. Und darum werden sie auch die Urgründe von Allem genannt, weil Alles, was nur immer in der sichtbaren und unsichtbaren Creatur empfunden oder erkannt wird, durch Theilnahme an ihnen besteht. Sie selber aber sind Theilhabungen an der Einen Ursache von Allem, nämlich der höchsten und heiligen Trinität, und gelten deshalb als durch sich seiend, weil keine Creatur zwischen sie und die Eine allgemeine Ursache gesetzt worden ist. Und während sie in dieser selbst unveränderlich existiren, sind sie wiederum anfängliche Ursachen für andere aus ihnen folgende Ursachen bis zu den äussersten, dem Schöpfer allein bekannten Grenzen der geschaffenen Natur.

Solche uranfängliche Ursachen oder Gründe sind nämlich: die Güte an sich, die Wesenheit an sich, das Leben an sich, die Weisheit an sich, die Einsicht an sich, die Vernunft an sich, die Tugend an sich, das Heil an sich, die Grösse an sich, die Allmacht an sich, die Ewigkeit an sich, der Friede an sich, und alle Kräfte und Gründe, welche auf einmal und zugleich der Vater im Sohne hervorbrachte und wonach die Ordnung aller Dinge vom Höchsten bis zum Niedrigsten festgesetzt wird. Denn was immer gut ist, das ist es durch Theilnahme an dem, was an sich gut ist, und was immer wesenhaft und bestandhaft ist, das ist es durch Theilnahme an der Wesenheit an sich, und was immer lebt, besitzt das Leben durch Theilnahme am Leben an sich. In gleicher Weise ist Alles, was immer weise, einsichtig und vernünftig ist, durch Theilnahme an der Weisheit und Einsicht und Vernunft an sich. Dasselbe gilt von allem Uebrigen; denn keine Kraft wird in der Natur der Dinge gefunden, welche nicht durch Theilnahme an den Urgründen hervorginge.

49. Uebergang von der Ideenwelt zur Erscheinungswelt.

Ursachen nennen wir aber nur die allgemeinsten, im Worte Gottes gesetzten Gründe der Dinge, Substanzen (Bestandheiten) dagegen die besonderen und einzelnen Eigenthümlichkeiten der Dinge, wie solche in den Ursachen selbst gesetzt und eingeordnet sind. Aus den Ursachen und Bestandheiten, nämlich aus den zusammengenommenen Beschaffenheiten derselben, ist die Erscheinungswelt hervorgegangen und in eben dieselben wird sie auch zurückkehren und untergehen zur Zeit ihrer Auflösung.

Die schlechthin untheilbare und unveränderliche Wesenheit (οὐσία) zieht sich durch alle Dinge hindurch, als ihre allgemeinste gemeinsame Natur. Diese allgemeine Wesenheit kann auf natürliche Weise nur in den Gattungen und Arten sein und Bestand haben. Gattungen und Formen fliessen aus der einen Quelle der Wesenheit und kehren in sie durch naturgemässen Umlauf zurück. Sie ist ganz in jeder dieser Gattungen und Arten und ist nicht mehr noch weniger in Allen, wie in Einem, sie ist somit einfach und vielfach zugleich.

Während nun aber die Wesenheit in jeder sichtbaren oder unsichtbaren Creatur von Demjenigen ausgesagt werden kann, was in ihr weder verderbt noch vermehrt oder vermindert werden kann, wird dagegen die Natur von der Zeugung der Wesenheit in Zeit und Raum innerhalb eines Stoffes, welcher verderbt, vermehrt, vermindert werden kann, ausgesagt. Jede Creatur ist Wesenheit, sofern sie in ihren Gründen existirt, Natur dagegen, sofern sie in einem Stoffe zur Erscheinung kommt.

Die Wesenheit ist immer dieselbe; sie ist unkörperlich und keinem körperlichen Sinne zugänglich; sie kann nicht sichtbar oder greifbar oder räumlich erscheinen. Eben so wenig ist sie dem Verstande zugänglich; nur dass sie ist, erkennen wir an ihren zufälligen Erscheinungen, nicht aber was sie ist. Sie existirt lediglich durch sich selbst und bedarf darum auch nicht des Körpers.

50. 51. Intelligible Zahlen, Zeit und Raum.

Die Zahlen, mit denen wir rechnen, sind geistig, unsichtbar, unkörperlich und bestehen nur im Denken. Werden die Räume und Zeiten in allen von Gott geschaffenen Naturen gezählt, so müssen ihnen natürlich die intellectuellen Zahlen vorausgehen. Die Monas (Einheit) ist ihre Quelle, in der alle Zahlen der Möglichkeit und Ursache nach vorhanden sind. Aus ihr entstehen sie durch Vermehrung, indem sie der Intellect in der Monas entdeckt und der Vernunft übergiebt, von wo sie allmälig in sinnlichen Bildern in das Gedächtniss und die körperlichen Sinne hinabsteigen und zum Behufe des Lernens in sichtbaren Figuren gefasst werden.

Auch Raum und Zeit gehören zunächst zur intelligibeln Welt. Beide aber befinden sich in unzertrennlicher Verbindung mit einander: Zeit kann nicht ohne Räume und Raum nicht ohne Zeit gedacht werden. Beide sind nur die Begrenzung der Dinge und existiren beide nur im Geiste, als Thätigkeit des Denkens. Die Zeit ist nur das von der Vernunft gesetzte bestimmte Maass des Verweilens und der Bewegung der veränderlichen Dinge. Als Grundformen der sinnenfälligen Welt bestehen Raum und Zeit auch nur in und mit dieser Welt und verschwinden mit deren Rückkehr in ihren ursprünglichen intelligibeln Zustand.

III. Die geschaffene und nicht schaffende Natur.

52. Erigena's Lehre von den Engeln.

In der Reihe der geschaffenen Wesen folgen nach den Urgründen die Engel, welche Erigena im Anschluss an die Lehre des angeblichen Areopagiten Dionysius in drei sich über einander erhebenden Ordnungen sich neunfach abstufen lässt, indem die höhere Ordnung immer auf die niedere einwirkt und dieselbe erleuchtet und belehrt.

Obgleich die Engel zur Erkenntniss der ewigen Wahrheit nicht der geschaffenen Natur bedürfen, sondern Alles in Gott und in den Urgründen erblicken, so schauen sie

Engellehre. Materie. 47

doch die letzteren nicht unmittelbar an, sondern mittelst gewisser Theophanieen, welche von Gott in der Erkenntnisskraft der Engel hervorgebracht werden. Durch die ewigen Gründe erkennt ihr Verstand auch die sichtbare Welt. Die Körper, in welchen die Engel oftmals erscheinen, sind bei den seligen Engeln nicht stofflicher Art, sondern geistig und unvergänglich; nur die gefallenen Engel sind zur Strafe für ihren Abfall mit zerstörbaren, luftigen Leibern überkleidet worden. Doch können auch jene ihre unsichtbaren, geistigen Körper zeitweilig, um mit den Menschen zu verkehren, in sichtbare Formen verwandeln. Ihre Thätigkeit zur Verwaltung der Natur, der sie vorstehen, führen sie ohne räumliche und zeitliche Bewegung aus.

53—55. Materie. Elemente. Körper.

Innerhalb des Raumes und der Zeit kommt die formlose Materie (der Stoff) zur Erscheinung, welche vom Schüler als das höchste Problem nach Gott bezeichnet wird. In seinen Erörterungen über das Wesen der Materie knüpft Erigena zum Theil an die Lehre des Aristoteles an und sucht zwischen diesen und Platon zu vermitteln.

Indem die Materie aller Form und Farbe entbehrt, ist sie durchaus unsichtbar und unkörperlich und deshalb nur für die Vernunft fassbar. Sie ist aber fähig, die Formen, die sie sich nicht selbst zu geben vermag, in sich aufzunehmen. Als Abwesenheit aller Formen ist sie indessen (wie Augustin sagt) nahezu Nichts, gleichwohl aber nicht ausgeschlossen aus dem Kreis der uranfänglichen Ursachen und eingeschlossen in der göttlichen Weisheit und vom Schöpfer aus Nichts geschaffen worden.

Alle Eigenschaften der Dinge, die uns in der Erscheinungswelt entgegentreten, sind für sich gefasst ein Unsinnliches, Unkörperliches, und doch besteht die Natur des Körpers im Zusammen- und Verbundensein seiner Eigenschaften. Folglich muss das Körperliche als aus Unkörperlichem entstanden gedacht werden. Was dem Körper als wesentliche Form zu Grunde liegt, ist die allgemeine Wesenheit, die sich mit gewissen an sich unkörperlichen Eigenschaften umkleidet, welche dann in die sichtbare Körperlichkeit hervortreten.

Da nun die Körper nur Verknüpfungen aus unkörperlichen Factoren sind, so können sie auch wieder in diese aufgelöst werden. Nimmst du die Quantitäten und Qualitäten, die Formen und Arten, die Farben, die Abstände, die Länge, Breite und Tiefe, die Orte und Zeiten hinweg, so werden die Körper in das Nichts zurücksinken.

Die ersten und grössten Körper, die sich bilden, sind die Elemente, die gewissermaassen die Brücke zwischen dem rein Intelligibeln und dem sinnlich Sichtbaren bilden und weder durchaus Geist noch durchaus Körper sind. Es existiren vier einfachste und reinste Elemente mit vier ursprünglichen Qualitäten, aus deren Zusammentritt diese sichtbare Welt entsteht. Sie sind Feuer, Luft, Wasser und Erde. Als eigenthümliche Qualität besitzt das Feuer die Wärme, die Luft die Feuchtigkeit, das Wasser die Kälte, die Erde die Trockenheit.

Während diese vier Elemente für sich ganz rein, für jeden körperlichen Sinn unfasslich, überallhin verbreitet sind, bewirken sie durch unsichtbaren Zusammentritt zu einander wechselseitig alle sinnlichen Körper, die himmlischen (feurigen), wässerigen, luftigen und irdischen, und zwar die grössten, wie die mittleren und kleinsten. Die ganze himmlische Sphäre mit Allem, was in und ausser ihr vom Höchsten bis zum Niedrigsten enthalten ist, ist durch Verbindung der Elemente geboren, und von diesen geht auch Alles aus, was im Lauf der Zeiten durch Wechselwirkung der Körper wächst. Es findet sich kein Körper in der Welt, worin sich nicht die vier Elemente befänden, nur dass in dem einen Körper dieses, in einem andern Körper jenes Element überwiegt.

56. Die Gestirne.

Die grössten Körper, die aus den Elementen zusammengesetzt sind, sind die Gestirne, die zu Körpern des Lichts geschaffen sind.

Von den Gestirnen sind einige der Erde ziemlich nahe, wie der Mond, den man darum ihren Nachbar nennt. Andere Gestirne sind in der Mitte der Welt zwischen der Erde und dem Fixsternhimmel, wie die Sonne und alle Planeten, welche sich um die Erde bewegen. Wiederum andere Gestirne befinden sich in den oberen oder äusseren Theilen, wie die Sternenchöre (der Fixsternhimmel). Die Erde liegt in der Mitte der Weltkugel; die Theile des Thierkreises verhalten sich zu ihr, wie die Linien des Kreises zum Centrum. Der höchste und reinste Raum zwischen dem Mond und dem Fixsternhimmel ist der Aether. Er besteht immer als das heiterste, in ewigem Schweigen ruhige Sein, nur von den harmonischen Consonanzen der Planeten durchtönt. Im Elemente des reinsten Feuers bewegt er sich voll von beständigem Licht. Auch die Planetenkugeln sind ganz leicht und geistig, von keiner irdischen Schwere gedrückt. Die Nebelhaftigkeit und Dunkelheit der unteren Luft zwischen Erde und Mond kommt aus der Nähe des Wassers und der Erde.

57. Die belebte Natur. Pflanzen und Thiere.

Sofern sich in der Pflanzenwelt eine Lebenskraft kundgiebt, nannten die Physiker die Pflanzen mit Recht am Boden festgehaltene Thiere. Denn sie sind beseelte Körper, wachsend nach den Zwischenräumen von Orten und Zeiten und festgeheftet an den Orten, wo sie wachsen.

Alles, was natürlicher Weise bewegt wird, nimmt aus irgend einem Leben den Anfang seiner Bewegung. Jede Creatur ist daher entweder durch sich selbst Leben oder des Lebens theilhaftig oder auf irgend eine Weise lebendig. Jede Lebensform, die uns in der Mannichfaltigkeit der Körper begegnet, geht auf ein allgemeinstes Leben zurück, woran Theil nehmend das Einzelleben besonders gestaltet wird. Dieses allgemeine Leben nannten die Weltweisen allgemeine Seele.

Das allgemeine Leben theilt sich in das Leben der vernünftigen und der unvernünftigen Creatur. Ersteres kommt den Engeln und den Menschen zu, das unvernünftige Leben ist entweder sinnbegabtes oder sinnliches, jenes den Thieren, dieses den Pflanzen zukommend. Ehe das sinnliche und vernünftige Leben in höhere Formen übergeht, kann es ohne das niedere vegetative Leben nicht bestehen. Wenn sogar die aufgelösten Thiere nicht in Nichts, sondern in die Qualitäten der Elemente übergehen, wie sollen die höher stehenden und nicht aus der Erde stammenden Thierseelen zu Grunde gehen? Hat jedes Leben oder jede einen Körper beherrschende Seele durch Theilnahme an einem uranfänglichen Leben oder an einer uranfänglichen Seele ihr Dasein oder das Leben empfangen, so kann sie dieser Theilnahme vernünftiger Weise niemals gänzlich verlustig gehen. Damit ist die Fortdauer der Thierseele entschieden.

58. Der Mensch als Mittel- und Einheitspunkt der Natur.

Gipfelpunkt und Schluss der Schöpfung ist der Mensch, um dessen willen die ganze sinnliche Welt geschaffen ist, damit er ihr als König vorstehe; denn er ist durch die harmonische Würde seiner vernünftigen Natur grösser als das sichtbare Universum und erscheint wie eine wunderbare Zusammensetzung aller geschaffenen Substanzen. Alles geschaffene Sein geht im Menschen zur Einheit zusammen, weil er die Gegensätze von Geist und Körper in sich verbindet. Um alle Creatur in ihm zu vereinigen, wurde er sinnlich und thierisch geschaffen, und vereinigt in sich die Fünftheiligkeit der gesammten Creatur; denn der Körper ist die Grundlage seiner Natur, dann folgt das pflanzenartige, ernährende und wachsende Leibesleben, dann die Sinne, darauf die Vernunft und endlich der Geist. Der Mensch erkennt wie ein Engel, urtheilt und schliesst wie ein Mensch, empfindet wie das vernunftlose Thier, leibt und lebt wie die Pflanze und hat das Sein nach Leib und Seele. Dies Alles aber ist sein einiges, ungetheiltes Leben.

Der Mensch gehört zu den Thieren und ist zugleich über ihnen. Es giebt einen thierischen und einen geistigen Menschen; der erstere ist der äussere, der andere der innere. Deshalb wird in der biblischen Schöpfungsgeschichte eine doppelte Schöpfung des Menschen erzählt: weil er den Thieren ähnlich ist, wurde er mit den Thieren, und weil er den Geistern ähnlich ist, wurde er auch mit diesen geschaffen. In Allem, was dort vor der Schöpfung des Menschen erzählt wird, wurde er selbst zugleich mitgeschaffen, und seine Erschaffung wird nur deshalb zuletzt berichtet, damit man erkenne, dass in ihm Alles gesetzt sei. In der Schöpfung des Lichts ist der Mensch zugleich nach seiner vernünftigen und geistigen Seite gesetzt, in der Schöpfung der Sternenwelt sind die körperlichen Sinne des Menschen gegründet.

59. Das göttliche Ebenbild im Menschen.

Gott hat den Menschen zugleich und auf einmal nach Leib und Seele erschaffen. Dieser Leib war ein himmlischer, geistiger und darum unzerstörbarer und unsterblich. In Adam, dem Urmenschen, wurden zugleich und auf einmal die Gründe aller Menschen nach Leib und Seele geschaffen. Insbesondere aber wurde der Mensch nach dem Bild und der Aehnlichkeit Gottes geschaffen und er kann dieses Vorzugs, der zu den unverlierbaren natürlichen Gütern gehört, nie mehr verlustig gehen. Er stand dadurch Gott am Nächsten.

Die göttliche Ebenbildlichkeit der Seele besteht darin, dass diese das Bild der göttlichen Dreieinigkeit an sich trägt, indem sie (Sein) Wesenheit, (Vermögen) Kraft und Thätigkeit ist.

Der Mensch ist vom Schöpfer zu himmlischer Seligkeit geschaffen. Denn das Paradies, wohin nach der biblischen Erzählung Gott den ersten Menschen setzte, ist nichts anderes, als die menschliche Natur in den Freuden ewiger Glückseligkeit oder die nach dem Bilde Gottes gegründete Menschennatur in ihrer ursprünglichen Reinheit. Von unserer Erde ist das Paradies nicht räumlich, sondern nur durch die Verschiedenheit des Lebens und der Seligkeit getrennt. Dies bewies Christus, indem er nach seiner Auferstehung zugleich im Paradies und auf Erden sich befand.

In seinem Urzustande war der Mensch von gleicher Natur und Glückseligkeit, wie die Engel. Noch war er nicht geschlechtlich verschieden, weder Mann noch Weib, sondern existirte noch in den geheimen Gründen der Natur, worin er nach dem Ebenbilde Gottes geschaffen ist, und würde ohne Sünde in dieser Einfachheit seiner Natur, ohne der Sinne zu bedürfen, verblieben sein und sich, gleich den Engeln, auf geistige Weise vermehrt haben. Er besass die einer Creatur überhaupt mögliche vollkommenste Erkenntniss seiner selbst und seines Schöpfers, und da er als Gottesbild nur den Willen seines Schöpfers wollte, so würde dasjenige nothwendig eintreten, was er immer wollte, dass es in der Natur geschähe.

60. Sündenfall. Ehescheiduug zwischen Seele uud Leib.

Frei musste der Mensch sein, wenn er das Ebenbild Gottes sein sollte. Keine zwingende Nothwendigkeit sollte ihn entweder im Dienst Gottes festhalten oder zum Ungehorsam gegen seine Gebote verleiten. Die göttliche Gnade und die menschliche Freiheit konnte den Menschen im Guten erhalten; denn niemals will Gott die Nichtwollenden ziehen, sondern nur die Wollenden, damit sich die Freiheit nicht in die Knechtschaft verwandele.

Aber der Mensch sündigte, indem er sich nicht demüthig zu Gott wandte, sondern stolz und hochmüthig sich selbst und den veränderlichen Gütern zukehrte. In Folge dessen sank er aus seinem höheren Zustande herab und ward mit dem sinnenfälligen Körper bekleidet, in welchem er sich uns gegenwärtig darstellt. Erst jetzt entstand zur Strafe für die Sünde das leibliche Leben und begann die Seele ihre belebende Thätigkeit auf den Körper auszuüben; denn jetzt kamen auch jene unvernünftigen thierischen Bewegungen und Gelüste, die Begehrlichkeit des Fleisches in den Menschen, welche im Thier natürlich, im Menschen dagegen sündhaft sind, weil sie seiner höheren Natur widerstreiten.

Mit der thierischen Leiblichkeit kam auch erst die Trennung des ursprünglichen Menschen in verschiedene Geschlechter, deren Zweck die fleischliche Fortpflanzung ist, durch welche sich die Sünde des ersten Menschen zugleich auf alle seine Nachkommen fortpflanzte und in die menschliche Natur den gegenwärtig herrschenden Widerstreit zwischen Sinnlichkeit und Vernunft einführte. Er verlor damit zugleich die vollkommene Erkenntniss, die er in seinem früheren Zustande besessen hatte, und verfiel in die gegenwärtig dem Menschengeschlecht einwohnende tiefe Unwissenheit seiner selbst und seines Schöpfers. Indessen haben wir trotz unserer Erschaffung weder Gott ganz verlassen, noch er uns; die Geistesschärfe, womit wir erkennen und worin am Meisten das Ebenbild des Schöpfers im Menschen besteht, ist nicht verloren gegangen. Nicht seine unverderbliche Natur hat der Mensch verloren, wohl aber jene Glückseligkeit, die er ohne Sünde würde besessen haben. Mit der Vernunft ist ihm auch nach seinem Falle noch die Freiheit geblieben. Ja sogar die ursprüngliche höhere geistige Leiblichkeit ist unter der Hülle des sterblichen Körpers noch verborgen für das Auge des Geistes bemerkbar.

61. Seele und Leib in ihrem Verhältniss.

So besteht nun der Mensch in seiner jetzigen Verfassung aus der Seele und dem sinnenfälligen Leibe. Dieser ist von der Seele selbst erschaffen und gebildet und ist ihr gewissermaassen ähnlich, so dass er das Bild des Bildes genannt werden kann, sofern er ein veränderliches und zerstörbares Kleid des wahren und ursprünglichen inneren Leibes ist. Da die Seele der handelnde, der Leib nur der ausführende Theil des Menschen ist, so sind die Functionen des Leibes Verrichtungen der Seele, wie die Erzeugung und Empfängniss. Die Seele ist der innere, der stoffliche Körper der äussere Mensch. Die Seele ist ganz in allen Theilen des Leibes, ohne doch von denselben räumlich eingeschlossen zu sein. Sie verhält sich zugleich als Bewegerin des Leibes, und ist diese ihre Einwirkung auf die Thätigkeiten des Leibes durch ein feines, licht- und luftartiges Element vermittelt.

Die Seele ist ganz Leben, ganz Verstand, ganz Vernunft, ganz Sinn, ganz Gedächtniss. Als ganze belebt, ernährt, hält sie den Körper zusammen und lässt ihn wachsen. Als ganze empfindet sie in allen Sinnen die Formen der sinnlichen Dinge; als ganze erwägt und unterscheidet, verbindet und beurtheilt sie die über die Erscheinungswelt hinausliegende, wesenhafte Natur der Dinge. Ganz ausser und über aller Creatur und auch über sich selbst als Creatur hinaus bewegt sie sich um ihren Schöpfer in einer geistigen und ewigen Bewegung. Gemäss der Verschiedenheit ihrer Bewegungen erhält sie ihre Theilungen. Um die Gottheit sich bewegend wird sie Geist, Gemüth, Verstand; die Natur und Ursachen der Dinge betrachtend wird sie Vernunft; auf die Formen der sichtbaren Dinge sich beziehend, wird sie Sinn; als ihren Körper belebend, ernährend und wachsen lassend wird sie Lebenskraft genannt.

62. Psychologie des Erigena.

Indem Erigena die Seele nach ihrer höheren Seite vorzugsweise als Erkennen auffasst, unterscheidet er wiederum eine höhere und eine niedere Erkenntnisskraft. Die erstere unterscheidet er als Intellect oder Verstand, als Vernunft (Logos) und als inneren Sinn. Gegenstand der Erkenntniss des Verstandes ist die erste Naturform, Gott, sofern er in seiner Ueberwesenheit alles Sein und Nichtsein überragt und unerkennbar ist. Gegenstand der Vernunfterkenntniss ist die zweite Naturform oder die uranfänglichen Ursachen oder ewigen Gründe. Gegenstand des inneren Sinnes ist die dritte Naturform, indem derselbe entweder aus den sinnlichen Bildern und Anschauungen die Begriffe und aus den Wirkungen die Ursachen zu erkennen sucht oder, wenn die Begriffe und Gründe gegeben sind, dieselben in ihre Anschauungen und Wirkungen zu entwickeln strebt.

Die niedere Erkenntnisskraft der menschlichen Seele umfasst zunächst die äusseren Sinne. Der äussere Sinn ist die Seele, sofern sie durch das Mittel der Sinneswerkzeuge die sinnliche Welt empfindet. Da derselbe nicht die eigentliche Wesenheit der Seele, sondern eine gewisse Verbindung von Körper und Seele ist, so geht derselbe auch mit der Auflösung des Leibes unter. Der äussere Sinn unterscheidet sich nach den fünf Werkzeugen, deren er sich bedient, und sind die fünf Sinne gewissermaassen eben so viele Thore, durch welche die Bilder der äusseren Dinge in den Bereich des inneren Sinnes eintreten.

Die sinnlichen Bilder nennt Erigena mit den Stoikern

Phantasieen und erklärt dieselben als Bilder und Erscheinungen, die von einer sichtbaren oder unsichtbaren Form dem Gedächtniss eingedrückt und in demselben aufbewahrt wird. Aber auch dasjenige, was aus der intelligibeln Quelle im Gedächtniss zusammenfliesst, wird Phantasie genannt. In der Entwickelung der menschlichen Erkenntniss unterscheidet Erigena einen von unten nach oben aufsteigenden und einen von oben nach unten absteigenden Weg. Alle übersinnliche Erkenntniss beginnt mit der Erfahrung und leitet sich aus ihr ab. Aus der sinnlichen Wahrnehmung abstrahirt der innere Sinn die Begriffe der Gattungen und Arten und gelangt bis zur allgemeinsten Gattung, der allgemeinen Wesenheit. Die also gebildeten Begriffe nimmt dann die Vernunft aus dem innern Sinn auf und erfasst sie in ihrer inneren Einheit, wie sie im Worte Gottes begründet sind. Von da geht endlich die Erkenntniss in den Verstand über, welcher Alles auf den niederen Stufen der Erkenntniss Erkannte auf Gott zurückbezieht, indem er Gott als das Ueberseiende denkt und erkennt, dass von ihm alle Gattungen und Arten der Dinge ausgehen und zu ihm wieder zurückkehren. Er ist also das eigentliche Organ der Gotteserkenntniss, und ohne ihn giebt es keine Theologie, noch ein Empfangen geistiger Gaben.

Dieser aufsteigende Weg der Erkenntniss ist jedoch nur die Vorbereitung für den Weg der absteigenden Erkenntniss. Diese beginnt mit der „gnostischen Anschauung Gottes" im Verstande, welcher letztere damit zugleich die uranfänglichen Ursachen im göttlichen Worte erfasst und sie der Vernunft einprägt. So kommt der an sich unerkennbare Verstand in der Vernunft auf ähnliche Weise zur Erscheinung, wie die an sich selber unfassbare Gottheit in den Theophanieen sich der Erkenntniss offenbart. Was die Vernunft als vom Verstande ihr Eingeprägtes noch einheitlich befasst, gliedert dann der innere Sinn zur Vielheit aus, indem er die Begriffe der Gattung und Art von den höchsten bis zu den niedrigsten herab entwickelt und aneinanderreiht.

So ist der Mensch nach seinen drei höheren Erkenntnisskräften ein Abbild der göttlichen Dreieinigkeit selbst. Der Verstand (Intellect) entspricht dem Vater, die Vernunft (Logos) dem Sohne und der innere Sinn dem heiligen Geist. Wie der Vater in dem Sohne die ganze Welt nach ihren ewigen Gründen gesetzt hat, so prägt auch der Verstand Dasjenige, was er von Gott und den Primordialursachen erkennt, der Vernunft ein und legt es in derselben nieder. Und wie Dasjenige, was im Sohne noch zur Einheit verschlungen ist, durch den heiligen Geist in die Vielheit und Verschiedenheit der Dinge auseinander getheilt wird, ebenso theilt auch der innere Sinn die in der Vernunft gelegene Einheit der Erkenntniss in die Vielheit der Gattungs- und Artbegriffe auseinander.

Auch noch in anderer Weise ist das Bild der göttlichen Dreieinigkeit in der menschlichen Seele ersichtlich, sofern sie als Wesenheit dem Vater, als Vermögen oder Kraft dem Sohne und als Wirksamkeit dem heiligen Geist entspricht. Im Grunde fällt jedoch diese Dreiheit mit jener ersten zusammen, sofern die Wesenheit der Seele keine andere ist, als der Intellect oder Verstand, während die Vernunft mit dem Vermögen oder der Kraft und der innere Sinn mit der thätigen Wirksamkeit zusammenfällt.

Anderwärts findet Erigena, nach dem Vorgange des Kirchenvaters Augustin, das Abbild der göttlichen Trinität auch im Sein, Wollen und Wissen der menschlichen Seele vertreten, was jedoch mit der so eben erwähnten auf Eins hinausläuft, da sich die menschliche Kraft im Wollen zeige und das Wissen die eigentliche Wirksamkeit der Seele sei. Dasselbe gilt von der Unterscheidung des menschlichen Wesens als Geist, Selbstkenntniss und Liebe, sofern die Seele an sich dem Vater, das Selbstbewusstsein dem Sohn und die durch den Vater im Sohn begründete Liebe dem heiligen Geiste entsprechend sei.

63. 64. Die Lehre vom Bösen. Natur und Gnade.

Die ganze Natur der Seele ist Wille, welcher als Wille eines vernünftigen Wesens keinem Zwang und keiner Nothwendigkeit unterworfen und darum frei ist. Die Freiheit des Willens schliesst als solche auch die Freiheit zum Bösen ein. Der Mensch hat die freie Bewegung des Willens zum Guten oder zum Bösen. In der menschlichen

Die Lehre vom Bösen.

Natur selbst, die wesentlich gut ist, kann das Böse nicht gegründet sein. Das Böse ist nicht in die menschliche Natur eingepflanzt, sondern es ist in dem verkehrten und unvernünftigen Trieb des vernünftigen und freien Willens gesetzt. Aber aus diesem entspringt es nicht mit Nothwendigkeit, sondern freiwillig, und es besteht eben darin, dass der freie Wille von dem ewigen, unveränderlichen Gut sich abwendet und gegen die Ordnung der Vernunft sich den veränderlichen und hinfälligen Gütern zuwendet. Obgleich auch diese an ihrem Orte mit Recht gesetzt sind und ihre eigenthümliche Schönheit haben, so ist es doch nur ein Zeichen des verkehrten und ungeordneten Geistes, sich ihnen zu unterwerfen, statt sie zu beherrschen. Aus dieser verkehrten Abwendung des freien Willens von Gott und seinem schlechten Gebrauch entstehen Sünde und Strafe. Das Böse ist also recht eigentlich ein Mangel an Bethätigung der ursprünglichen Kräfte der Seele.

Obgleich nun aber das Böse nur einer an sich guten Natur anhängen kann, so bleibt diese selber doch als solche vom Bösen unberührt. Wie das Böse lediglich in einer verkehrten Bewegung des Willens besteht, so bleibt es auch allein auf den Willen beschränkt und dringt nicht weiter. Nur durch eine entgegengesetzte Natur könnte ja die an sich gute Natur verderbt werden; das Böse aber ist keine Natur, sondern nur Beraubung, also Nichts. Die Natur ist also blos Träger des Bösen und kann daher von letzteren auch wieder gereinigt werden.

Gleichwie der Mensch in der Finsterniss, trotz des Vermögens seiner Augen zu sehen, doch nichts sieht, bis das Licht von aussen her hinzutritt; so ergeht es auch dem durch die Sünde verfinsterten Willen, bis das Licht der göttlichen Barmherzigkeit ihm leuchtet. Durch die Folgen der Sünde ist die Freiheit des Menschen so geschwächt, dass es ihr am Willen zum Guten oder, wenn sie auch wirklich das Gute will, doch am Vermögen zum Vollbringen desselben fehlt und der Rest von natürlicher Freiheit sich nur noch in dem angeborenen Verlangen nach Glückseligkeit zeigt, welches den Willen des Menschen in Bewegung setzt. Das in Folge der Sünde schlummernde und verhinderte, aber dem Vermögen nach noch vorhandene Gute wird durch die Gnade geweckt und kommt zur Wirksamkeit. Der Mensch soll von der Sünde gereinigt werden, damit er wieder in den ursprünglichen Zustand, worin er geschaffen war, zurückkehren könne. So tief auch der Mensch durch die Sünde gefallen war, so sucht er doch immer und überall seinen Schöpfer, zu dessen Anschauung er geschaffen ist. Dieser natürliche Zug nach dem höchsten Gute, durch welches die Glückseligkeit des Menschen bedingt ist, kann in seiner Natur nicht ausgetilgt werden. Es findet sich kein Geschöpf, welches das Nichtsein begehrte; jedes Geschöpf sucht vielmehr dem Nichtsein zu entfliehen. Würde aber die gottähnliche Natur durch irgend ein Vorkommen von ihrem Ursprung entfernt, so strebt sie immer dahin zurück, damit sie die verlorene Aehnlichkeit wieder gewinne.

Alles, was aus der allgemeinen Ursache hervorgeht, würde untergehen, wenn es nicht eben dahin zurückkehrte. Dies ist Naturnothwendigkeit. Sowie die nach dem Bilde Gottes gemachte vernünftige Seele in denjenigen zurückkehren wird, dessen Bild und Aehnlichkeit sie ist; eben so wird auch der nach dem Bilde der Seele gemachte Körper zu seiner Ursache, zur Seele gewendet werden und von aller irdischen Schwere entbunden zu Gott selber werden.

IV. Die nicht geschaffene und nicht schaffende Natur.

65. Menschwerdung des göttlichen Logos in Christus.

Gott oder vielmehr das göttliche Wort, in welchem Alles der Ursache nach gemacht wurde und Bestand hat, stieg nach seiner Gottheit in die sichtbare Welt als in die Wirkungen der in ihm existirenden Ursachen herab, indem er die menschliche Natur annahm, in welcher alle sichtbare und unsichtbare Creatur enthalten ist. Er stieg aber deshalb herab, damit er nach seiner Menschheit die Wirkungen der Ursachen, die er nach seiner Gottheit ewig und unveränderlich besitzt, rette und in die Ursachen zurückrufe. Denn das Ziel der ganzen Creatur ist das Wort Gottes; Anfang und Ende der Welt existiren in diesem und sind geradezu das Wort selber. Indem der göttliche Logos die menschliche Natur annahm, hat er dieselbe, wie sie in sich selber Eine und untheilbare ist, auch mit Leib, Seele, Sinnen und Intellect, nur mit Ausnahme der Sünde, ganz angenommen und zwar nicht in ihrer reinen Wesenheit, sondern mit Allem, was sich ihr in Folge der Sünde angehängt hat, damit er sie ganz erlöse und Alles, was in uns ist, herstelle. Indem er aber die menschliche Natur in solcher Weise annahm, hat er mit dem Körper auch alle körperliche Wesenheit, also alle Creatur angenommen und in sich vereinigt, um alle Creatur zugleich zu erlösen.

Vor seiner Menschwerdung war das göttliche Wort für jede sichtbare und unsichtbare Creatur unfasslich; indem es aber in die Leiblichkeit herabstieg, ging es durch eine unendliche und vielfache Theophanie in die Kenntniss der engelischen und menschlichen Natur ein. Es machte dadurch den Vater und die ganze göttliche Dreiheit offenbar, nahm aus Allen die Natur an, woraus es erkannt wurde, indem es die sinnliche und intelligible Welt in sich zu unaussprechlicher Harmonie vereinigte. In ihm ist also die sichtbare und unsichtbare Welt wieder hergestellt und in eine unaussprechliche Einheit zurückgerufen. In Christus kehrt die menschliche Natur und die ganze Welt in ihren Anfang zurück.

66. Die Auferstehung Christi.

Indem der fleischgewordene göttliche Logos vom Tode auferstand, war dies die Rückkehr der menschlichen Natur in ihm zu ihrem ursprünglichen Zustande. Um unserer willen ward das Fleisch Christi sterblich gemacht, damit durch seinen Tod der unserige gänzlich vertilgt wurde. Denn Christi Fleisch ist nicht, gleich dem unserigen, in Folge eigener Sünde sterblich geworden, sondern es war nur leidensfähig geworden, aber die Sünde nahm er nicht an. Darum konnte ihn auch der Tod nicht festhalten.

Nach seiner Auferstehung ist Christus weder zeitlich noch räumlich, noch sonstwie begrenzt, sondern erschien in einem geistigen, unsterblichen und himmlischen Leibe. Obwohl der auferstandene Christus noch in seinem früheren Geschlecht erschien, hatte er doch kein Geschlecht mehr, sondern nur den wahren und ganzen Menschen, Körper, Seele und Intellect, ohne irgend ein Geschlecht oder greifbare Form. Er vereinigte in sich Mann und Weib nach seiner Auferstehung und verband in sich die Erde mit dem Paradies, während er über allen Räumen und Zeiten Gott und Mensch ist.

Was er aber in sich selber besonders vollendete, wird er zur Zeit der allgemeinen Auferstehung allgemein in der ganzen Natur vollenden, d. h. er wird nicht nur Alles, was sie selbst nach der Sünde aus der stofflichen Welt angezogen hatte, in Geist verwandeln, sondern auch zur Gleichheit der himmlischen Glorie, welche die Engel besitzen, zurückführen. Demnach ist Christus in Allem das Gegenbild Adams und erscheint als der vollkommene Mensch, in welchem Alles zur Vollendung gekommen ist. Er ist nicht blos als Gott, mit dem er Eins ist, sondern auch als Mensch nach seiner Leiblichkeit allgegenwärtig.

67. Die Kirche und die Gnadengaben.

Die geistige Blindheit und Finsterniss, in welche das ganze Menschengeschlecht in Folge der Ursünde versunken war, nahm Christus hinweg. Er ist das Licht der Welt, und nur durch Theilnahme an ihm ist jede vernünftige und intellectuelle Creatur Licht. Jeden, der in die Welt der Tugenden, d. h. in die Kirche kommt, erleuchtet Christus. Denn die Kirche ist der Leib Christi; dieser ist das Haupt des Leibes, dessen Glieder die Gläubigen sind.

Als das Haupt der Kirche empfing er die Fülle der Gnadengaben, die in ihm ruhen, nachdem sie ihm vom heiligen Geist, dem Vertheiler der göttlichen Gnaden, zugetheilt worden sind. Sie werden in der Kirche als Sakramente gespendet, zu denen auch die Eucharistie gehört, in welcher Erigena ein Sinnbild der geistigen Theilnahme an Christus erblickt, welche wir jetzt im Glauben mit dem Denken ergreifen, um dereinst der Wirklichkeit nach diese Theilnahme zu erlangen.

Die Taufe besteht aus Wasser und Geist, wie der Mensch aus Leib und Seele. Das sichtbare Element ist nothwendig zur Reinigung des sichtbaren Körpers, die unsichtbare Lehre des Glaubens aber zur Reinigung der Seele. Doch löscht die Taufe hienieden die Erbsünde noch nicht völlig aus; nur die Schuld derselben, keineswegs aber ihre Folgen vermag sie hienieden wegzunehmen. Erst am Ende der Dinge wird die Ursünde völlig getilgt mit ihren Folgen, wenn in der Auferstehung der Körper aus einem sterblichen zu einem unsterblichen wird.

Im Act der Taufe wirkt der heilige Geist in jedem Gläubigen die Empfängniss und Geburt des Logos. Täglich wird Christus im Schoosse des Glaubens, wie im Leibe der reinsten Mutter, empfangen, geboren und ernährt. Wer an Christus glaubt, wird nicht verurtheilt; wer aber nicht glaubt, über den ist schon das Gericht verhängt, weil er nicht glaubt.

68. 69. Auferstehung und Weltgericht.

Wenn es im Glaubensbekenntniss heisst, Christus werde kommen, zu richten die Lebendigen und die Todten; so dürfen wir dabei nicht an eine Ortsbewegung denken oder an einen Hervorgang aus den innersten Tiefen der Natur in diese Welt, damit er den Sinnen der zu Richtenden erscheine. Vielmehr wird die Ankunft des Weltrichters ein Jeder der Guten und Bösen innerhalb seiner selbst erschauen.

Mit dem Weltgericht zugleich wird zugleich die allgemeine Auferstehung der Leiber stattfinden, als eine Erhebung Aller aus dem Tod in's Leben, aus dem vergänglichen thierischen Leib in einen geistigen und unzerstörbaren. Nicht also die Stofflichkeit der sinnenfälligen Körper wird auferstehen, sondern diese verschwindet in ihre Ursachen und Gründe. Mit dieser Vergeistigung werden die Leiber zeit- und raumfrei. Mit der Auferstehung wird darum auch die Scheidung der Geschlechter aufhören und es wird ferner nur der Mensch sein, wie er geblieben wäre, wenn er nicht gesündigt hätte. Zugleich wird dann das Böse aus der Natur verschwinden und die ganze menschliche Natur kehrt in das Paradies zurück.

70. Die Rückkehr der Dinge in Gott.

Die Auferstehung der Todten bildet nur die zweite Stufe der von Erigena gelehrten Rückkehr der Dinge in Gott. Nämlich die erste Rückkehr wird erkannt in der Verwandlung der ganzen sinnlichen Creatur, die im Weltraume enthalten ist. Alle sinnenfälligen Körper kehren in ihre verborgenen Gründe und uranfänglichen Ursachen zurück.

Die zweite Rückkehr besteht in der Rettung der ganzen menschlichen Natur in Christus und in ihrer Zurückführung in den Zustand, worin sie ursprünglich geschaffen war. Durch Christi Verdienst wird der Mensch wieder in das Paradies, d. h. in die Würde des göttlichen Ebenbildes, eingesetzt.

Die dritte Rückkehr findet in jenen statt, welche nicht blos zur Erhabenheit ihrer Natur emporsteigen werden, sondern bestimmt sind, durch die ihnen als den Auserwählten beschiedene Fülle der göttlichen Gnade über alle Gesetze und Schranken der Natur hinaus überwesentlich in Gott selbst überzugehen und eins mit ihm und in ihm zu werden.

Diese letzte Rückkehr der Auserwählten zum höchsten Ziele der Erlösung, in den Stand der Vergottung, erfolgt wiederum in sieben Stufen. Zuerst wird der irdische Leib in die Lebenskraft verwandelt, sodann diese selbst in den Sinn, danach dieser in die Vernunft, endlich diese in den Geist. Die weiteren Grade des Aufsteigens sind dann diese: Der Geist geht zuvörderst zur Wissenschaft von Allem, was nach Gott ist, über; diese Wissenschaft sodann in die Weisheit, als die möglichst innige Anschauung der Wahrheit über; zuletzt aber gehen die reinsten Geister in Gott selbst unter.

Anderwärts lässt Erigena die Rückkehr der menschlichen Natur in fünf Stufen sich vollziehen.

Die erste Rückkehr findet statt, wenn der Körper in die vier Elemente, aus denen er zusammengesetzt ist, wieder aufgelöst wird.

Die **zweite** Rückkehr vollzieht sich in der Auferstehung, wenn Jeder aus der Vereinigung der vier Elemente seinen eigenen Leib wieder empfangen wird. Die **dritte** Stufe der Rückkehr tritt alsdann ein, wenn der irdische Leib in Geist verwandelt wird. Die **vierte** Rückkehr findet statt, wenn der·Geist oder vielmehr die ganze Menschennatur in die ewigen Urgründe zurückkehren wird. Die **fünfte** Stufe der Rückkehr wird erreicht, wenn sich die menschliche Natur mit ihren Gründen zu Gott bewegt und Nichts mehr sein wird, als Gott allein.

71. Rückblick auf die Lehre Erigena's.

Wie sich Erigena's Haupt- und Lebenswerk, dem wissenschaftlichen Charakter seiner Zeit entsprechend, als ein encyclopädisches Sammelwerk darstellt, worin der Zusammenhang fortwährend durch Neben- und Zwischenfragen unterbrochen wird, so ist er auch der Sache nach Eklektiker. Der mit Aristotelischen Gedankenelementen verbundene Platonismus, insbesondere in seiner jüngeren Gestalt als Neuplatonismus bildet den Grundton seiner philosophischen Weltanschauung, womit die Grundlehren der Kirche verbunden werden. Auch der Neuplatonische Optimismus, wonach das Böse als wesenloser Schatten erscheint, wird von Erigena aufgenommen. So wurde Erigena am Eingang des Mittelalters ein Origenes des Abendlandes, indem er durch seine vier Naturformen die Lehre von der Einheit Gottes und der Welt zuerst zu einer in sich zusammenhängenden Weltanschauung entwickelte.

Dabei kommt der eigentliche Kern und Mittelpunkt der Kirchenlehre nicht zu seinem Rechte, so sehr er auch bestrebt ist, sich an dieselbe anzuschliessen und dieselbe in verschiedenen Punkten fortzubilden. Der christliche Schöpfungsbegriff wird von ihm im Sinne der Neuplatonischen Emanationslehre in einen kosmisch-theogonischen Process umgedeutet. Er kann darum auch eigentlich weder als Vater der Scholastik noch der Mystik des Mittelalters gelten, obwohl sich bei ihm die Keime und Anfänge zu der verschiedenen Auffassung von der Bedeutung der allgemeinen Begriffe (Universalia) gegenüber den erscheinenden Dingen finden, was schon im zehnten Jahrhundert die Gegensätze des Nominalismus und Realismus hervorrief, welche das ganze Mittelalter durchziehen. Er achtete die Vernunft doch höher als die Autorität und tritt nicht zur begrifflichen Rechtfertigung der Kirchenlehre in die Schranken, worin die Scholastiker ihre Aufgabe fanden. Sein mystisches Element aber war nur ein aus den Schriften seines „grossen Offenbarers", des angeblichen Areopagiten Dionysius, überkommenes, während die asketisch-gemüthliche Seite der Mystik mit ihren Tiefen des in Gott sich bewegenden inneren Lebens bei Erigena keinen Boden fand.

Dagegen berührt er sich mit seinem ersten Versuch einer Erkenntnisstheorie vielfach mit neueren Philosophen, Cartesius, Spinoza, Kant, Fichte, Schelling, Hegel und Schleiermacher.

Erscheint er hiernach nach der einen Seite als der Abschluss der griechischen Wissenschaft im Abendlande und als kirchlicher Theologe vorzugsweise der alten griechischen Zeit zugewandt, so hat er nach der anderen Seite den Grundgedanken der neueren deutschen Philosophie von der Einheit des Denkens und Seins zuerst ausgesprochen und erscheint als Vater der germanischen Philosophie und spekulativen Theologie. Auf eine in der Geschichte des menschlichen Geistes sonst nicht wieder vorkommende Weise sehen wir bei Erigena Theologie und Philosophie, Theismus und Pantheismus, realistische und idealistische, empirische und spekulative Weltbetrachtung, dialektisches und mystisches Erkennen mit einander im Streit liegen.

Mit der beständigen Durchkreuzung idealistisch-pantheistischer und realistisch-theistischer Anschauungen erscheint er in der durchgängigen Doppeltheiligkeit seines Systems zwischen der alten und mittelalterlichen Zeit wie ein Janusbild, worin „das eine Gesicht noch vom letzten verschwommenen Abendroth der hellenischen Wissenschaft bemalt wird, während das Auge des zweiten dem Abendlande zugekehrt, die gährenden Elemente der neuen sich bauenden Wissenschaft mit den ersten Adlerblicken germanischer Spekulation überschaut und den Grundgedanken der neueren Philosophie ahnend der zunächst vor ihm liegenden Zeit um ein Jahrtausend vorgreift".

72. Schicksale der Lehre und Schriften Erigena's.

So stand Erigena in seiner Zeit mit der Tiefe seiner Spekulation unverstanden allein. Nur ein einziger Schüler, Humbald, wird ausdrücklich als ein solcher erwähnt, der lange Zeit ein Anhänger seiner Lehre gewesen sei. Von den grossen Scholastikern und Mystikern des Mittelalters, einem Anselm von Canterbury, Abälard, Albert dem Grossen, Thomas von Aquino, Bonaventura, wird Erigena's Name nicht einmal genannt. Dagegen wird derselbe in den Berengar'schen Streitigkeiten über das Abendmahl, im elften Jahrhundert, öfter erwähnt und gilt als Urheber der neuen Abendmahlslehre, die wiederholt in den Jahren 1050 und 1059 kirchlich verdammt wurde. Bei Wilhelm von Malmesbury im zwölften Jahrhundert stand das Hauptwerk Erigena's noch in hohen Ehren, und auch Richard und Hugo aus der Schule von St. Victor in Paris erwähnen dasselbe mit Auszeichnung.

Vorzugsweise bemerkbar sind jedoch die Wirkungen, welche die mystisch-pantheistische Seite der Lehre Erigena's bei einigen pantheistischen Secten des dreizehnten Jahrhunderts zeigte, indem sich Amalrich von Bena und dessen Schüler David von Dinanto auf Erigena beriefen und auch die ketzerische Secte der Albigenser das Werk „über die Eintheilung der Natur" kannten. Auch die Lehren des Dominikanermeisters Ekkard in Strassburg klingen vielfach an Erigena's Gedanken an.

Einige Zeit nach der in den Jahren 1209 und 1215 erfolgten kirchlichen Verurtheilung der Lehren Amalrichs und Davids wurde (1225) das Haupt- und Lebenswerk Erigena's vom Papst Honorius III. verdammt und die Aufsuchung und Verbrennung der vorhandenen Abschriften befohlen.

Die trotzdem auf unsere Zeit gelangten Handschriften desselben gehören in's elfte bis dreizehnte Jahrhundert.

Seitdem scheint das Werk Jahrhunderte lang in Vergessenheit geblieben zu sein. Nur von Erigena's Uebersetzung der angeblichen Schriften des Areopagiten Dionysius waren 1503 in Strassburg und 1556 in Cöln Ausgaben erschienen. Das lang vermisste Hauptwerk wurde endlich durch Gale in Oxford aufgefunden und 1681 zugleich mit der Uebersetzung der Scholien des Maximus Confessor im Druck herausgegeben. Diese erste Ausgabe wurde 1685 durch den Papst Gregor XIII. auf den Index der verbotenen Bücher gesetzt und daraufhin des Verfassers Ketzereien durch den französischen Bischof Mabillon (gest. 1707) eifrig an's Licht gestellt. Erst die neueren Kirchen- und Dogmenhistoriker haben den schriftstellerischen Namen des gelehrten und tiefsinnigen Schotten wieder zu Ehren gebracht. Die von Schlüter in Münster (1838) veranstaltete Ausgabe enthielt noch 13 Hymnen Erigena's an Karl den Kahlen aus Palimpsesten des Angelo Mai. Eine Gesammtausgabe der Werke mit genauer Herstellung des richtigen Textes, unter Benutzung aller Handschriften, wurde erst im 122. Theil der von Migne herausgegebenen Pariser Patrologie durch Floss (1853) hergestellt.

Verlag von **ERICH KOSCHNY** (L. Heimann's Verlag) in LEIPZIG.

Hist.-Polit. Bibliothek
oder
Sammlung von Hauptwerken
aus dem
Gebiete der Geschichte und Politik.
Bis jetzt sind 80 Hefte erschienen.
Jedes Heft ist einzeln à 50 Pfennige käuflich.

Von Magdeburg bis Königsberg.
Autobiographie
von
CARL ROSENKRANZ,
Preis 8 Mark.

Die Bedeutung der Philosophie.
Ein Vortrag gehalten in Berlin
von
J. H. v. Kirchmann.
Preis 30 Pf.

Abhandlungen über Geschichte und Politik
von
Wilhelm von Humboldt.
Mit einer Einleitung versehen von
Dr. L. B. Förster.
Preis 1 Mk.

Inhalt: Ueber die Aufgabe des Geschichtsschreibers. — Ideen über Staatsverfassung, durch die neue französische Constitution veranlasst. — Ueber die Sorgfalt des Staates für die Sicherheit gegen auswärtige Feinde. — Ueber die Sittenverbesserung durch Anstalten des Staates. — Ueber öffentliche Staatserziehung. — Wie weit darf sich die Sorgfalt des Staates um das Wohl seiner Bürger erstrecken? — Denkschrift über Preussens ständige Verfassung.

Verlag von **ERICH KOSCHNY** (L. Heimann's Verlag) in **LEIPZIG**.

Spinoza's sämmtliche Werke
im Urtexte.
Herausgegeben von
Dr. Hugo Ginsberg.

Bd I. Die Ethik des Spinoza. Preis 2 Mk.
„ II. Vollständige Ausgabe des Briefwechsel Spinoza's. Preis 3 Mk.

Immanuel Kant's
SÄMMTLICHE WERKE.
Herausgegeben von J. H. v. Kirchmann.
8 Bände. Preis 28 M. 50 Pf.

Inhalt:

Band I.: Kritik der reinen Vernunft.
Band II.: Kritik der praktischen Vernunft.
Kritik der Urtheilskraft.
Band III.: Prolegomena zu einer jeden künftigen Metaphysik.
Grundlegung zur Metaphysik der Sitten.
Metaphysik der Sitten.
Band IV.: Logik.
Anthropologie.
Religion innerhalb der Grenzen der blossen Vernunft.
Band V.: Kleinere Schriften zur Logik und Metaphysik.
Band VI.: Kleinere Schriften zur Ethik und Religions-Philosophie.
Band VII.: Kleinere Schriften zur Natur-Philosophie.
Band VIII.: Vermischte Schriften.

Dies Werk giebt in allgemein verständlicher, anziehender Sprache eine Darstellung der Entwickelungsgeschichte der Philosophie, in der mit Umgehung alles Ueberflüssigen besonders die Hauptmomente derselben mit steter Berücksichtigung der kulturhistorischen Zustände klar und prägnant geschildert werden, so dass das Werk eben so von Werth für den Fachmann wie für jeden Gebildeten ist, der sich für Philosophie interessirt.